映画で読み解く

イギリスの名門校《パブリック・スクール》

エリートを育てる思想・教育・マナー

秦由美子

光文社新書

はじめに

イギリスのパブリック・スクールが次々と日本で分校をオープンしていることを皆さんはご存じでしょうか？　日本では「パブリック・スクール」ではなく、「インターナショナルスクール」の１つとして紹介されています。

２０２２年、日本にはインターナショナルスクールと分類されている12年以上の課程を持つ学校が41校ありました（文部科学省令和４年調査）。その後、２０２３年にはイギリスの名門校パブリック・スクールの分校３校が次々に開校の運びとなります。名前を挙げますと、岩手県の「ハロウインターナショナルスクール安比ジャパン校」、千葉大学の柏の葉キャンパス内の「ラグビー日本校」、東京都小平市に開校された「マルバーン・カレッジ東京」です。日本だけではなく、近年になってパブリック・スクールの海外進出は急増しており、２

014年に海外キャンパスは37校しかありませんでしたが、2024年には100校以上にまで増えています(イギリス教育省調査)。

イギリスのパブリック・スクールとは、独立学校(インデペンデント・スクール)と呼ばれる私立学校です。つまり、中央政府や地方自治体の双方から補助を受けず、それゆえ、それらの管轄下にもなく、独自の経営と教育を行っている寄附基金立学校なのです。その主な特徴は寄宿寮制度(ハウス・システム)をとり、学校や寮では行き届いたケアが提供され、富裕層の生徒を集めながら、世界の有名大学に次々と卒業生を送り込んでいる点にあります。

中でも世界的に有名なのは、ザ・ナイン(The Nine)と呼ばれる学校群でしょう。名前の通り9校あり、開校年から順に、ウィンチェスター校(1382年)、イートン校(1440年)、セントポールズ校(1509年)、シュルズベリー校(1551年)、ウェストミンスター校(1560年)、マーチャント・テイラーズ校(1561年)、ラグビー校(1567年)、ハロウ校(1571年)、チャーターハウス校(1611年)です。

一方で、私立学校かつ寄宿制であることもあり、その学費が高いことでも有名です。例えば、イートン校の1年にかかる費用を計算すると、2017年では7万ポンド以上。チャリティー法により一般の税金より少ないものの、これに税金が加算され、日本円にするとおよそ１０１５万円（1ポンド＝１４５円）以上となります。卒業まで考えると、この額の5倍が必要になってきます。それでも入学希望者があとを絶たないのは、その先の進路にあるのでしょう。パブリック・スクールの卒業生は、一流大学に進学後、様々な要職に就いていいます。例を挙げると、上級裁判官の74％、軍隊の士官や将校の71％、貴族院議員の50％がパブリック・スクール卒業生。さらに、歴代のイギリスの首相58人のうち（２０２４年現在）、パブリック・スクール卒業生は32人です。

では、イギリス社会において、こうして長きにわたりエリートを輩出してきたパブリック・スクールとは一体どのような学校なのでしょうか。生徒たちはどのような学校生活を送り、先生たちは生徒にどのような教育をしているのか――。

本書では、そんな日本ではあまり知られていないイギリスのパブリック・スクールについて、「ハリー・ポッター」シリーズをはじめとする映画作品を入口にして、その実態へと迫っていきます。

イギリスの名門といわれる学校の、日本にはないそれらの学校の良さ、また、思いもかけなかった学校の過去の悪習を知り、思いを馳《は》せていただく中で、本書を通して、パブリック・スクールが、皆さんにとって少しでも身近になってもらえたならば嬉しい限りです。

映画で読み解く

イギリスの名門校《パブリック・スクール》

目次

本文図表制作：デザイン・プレイス・デマンド
目次・章扉制作：熊谷智子

第1章

パブリック・スクールと
学校生活

「ハリー・ポッター」シリーズに学ぶ
寄宿学校の暮らし

ホグワーツに学ぶ

ダンブルドア校長が治めるホグワーツ魔法魔術学校（以下ホグワーツと表記）は、「ハリー・ポッター」で世界的に有名になりましたが、パブリック・スクール（「パブリック」とありますが、公立学校ではありません）との類似点が満載です。例えば、見ればすぐにどの寮（ハウス）に属するかが分かる上着やネクタイ、襟巻。学校寮のハウスをはじめとする生徒への配慮が行き届いた教育。それぞれに秀でた能力を持つ生徒たち。そしてホグワーツ特有の隠語などなど。

第1章では、そんなパブリック・スクールをモデルにしたであろうホグワーツを例に、服装やハウス、生徒たちの日々の暮らし、生徒の1週間、ハウスの選び方、ハウスで話す言葉やアクセント、そしてイギリスの階級社会まで覗《のぞ》いてみましょう。

タイトル　ハリー・ポッターと賢者の石
制作年　2001年
監督　クリス・コロンバス
脚本　スティーブ・クローブス
制作会社　Warner Bros. Pictures
Heyday Films
1492 Pictures
配給　ワーナー・ブラザース・ピクチャーズ
原作　*Harry Potter and the Philosopher's Stone*
J. K. Rowling

まず服装を見よ

ホグワーツには4つハウスがありますが、ハウスごとにチームの上着や帽子、ネクタイ、傘などの色・模様が異なります。これはパブリック・スクールも同じで、ハウスごとに分けられていることがあります。そして、細部は異なりますが、ホグワーツの制服はパブリック・スクールの制服と同じく、基本的には黒のガウンの着用が義務づけられているようです。

例えば、パブリック・スクールの中でも名門校の1つであるチャーターハウス校は、ハウスが全部で15ありますが、生徒がどのハウスに属しているかは、ネクタイの色や傘の色、サッカーチームの上着のストライプの色といったカラーで見分けられます。制服は平日の場合、白やブルーのシャツとハウス別のネクタイ、グレーのズボン、青色のジャンパー、ツイードのジャケット、革靴。日曜日の場合は、ピンストライプや無地のダークスーツです。ウェストコートはオプションで、学校の栄誉を受けた場合に授与されるネクタイを身につけることができます。

また、イートン校には25の寮（24のハウスと1つのカレッジ）がありますが、本校でもそれぞれのハウス・カラーがあり、ハウスの名声を高めた生徒は、ハウス・カラーのネクタイや上着がハウスマスター（寮監）から与えられます。そして、学校から栄誉を与えられた時は、前述の学校と同様に、特別なネクタイが与えられることになっています。

他にも「ザ・ナイン」に属するパブリック・スクールの制服を例にとると、自分の学校内での地位や所属が一目で分かるように、様々な細分化が見られます。このことは、できるだけ学校では目立たずにいたいと思う生徒も少なくない日本とは、大きな違いではないでしょうか。

ちなみに、「ザ・ナイン」とはパブリック・スクールの中でも有名で伝統もある9校の通称です。イートン校、ハロウ校、ウェストミンスター校、セントポールズ校、マーチャント・テイラーズ校、チャーターハウス校、ウィンチェスター校、ラグビー校、シュルズベリー校が属しています。ザ・ナインのいくつかの学校の制服も紹介しましょう。

図表1-1　イートン校のカレッジャー

イートン校

黒のテイルスーツ（燕尾服）にウェストコート、ファルスカラー、タイ、そしてピンストライプのズボンが、イートン校の定められた制服です[1]（図表１-１）。ただ、学校内の成績上位者は「スティックアップ」、つまり蝶ネクタイ付きのウィングカラーが着用でき、他にも優秀な生徒は自分の好きなベストを着用することも認められており、学校でどのような立ち位置（スポーツキャプテン、寮の代表生徒、音楽の代表メンバーなど）にあるのかが分かるような仕組みになっています。

図表1-2　ハロウ校の生徒たち

ハロウ校

ハロウ校では、紺のジャケットにグレーのズボン、黒のタイ、寒くなってくると学校指定の紺色のセーターの上にブレザーを着用します（図表1-2）。他のパブリック・スクールでも着用するのですが、紺のベルトが巻かれたストローハットはハロウ校の制服としてとても有名です。校長や先生に出会った際には、その帽子を片手の人差し指で少し持ち上げる（キャッピング）のがマナーとなっています。実のところ、イートン校でも先生とすれ違う時にキャッピングする習慣はあったのですが、トップハット（シルクハット）がなくなるとともに、1948年

図表1-3　ラグビー校の男子生徒たち

までに消失してしまいました。[2]
ちなみに、ハロウ校には課外活動では70ほどのソサエティ（日本のクラブのようなもの）がありますが、各ソサエティごとに身につけるネクタイが異なり、ネクタイで生徒がどのソサエティに属しているかが分かるようになっています。

ラグビー校

ラグビー校の制服はツイードのジャケットで、通常の生徒は茶色いチェックのシングルジャケットですが（図表１‐３）、生徒代表や功績のある生徒は紺のダブルジャケットを着用します。シャツはシンプルなパステルカラーのもので、その他、

図表1-4　ラグビー校の女子生徒たち

シンプルな黒の革靴、必要な折にはVネックのジャンパー（色は、灰色、黒、青のみ）、学校もしくはハウス用のスカーフを身につけます。暗い色のコートを学校のジャケットの上に羽織ることも可能ですが、ジャケットより長くなければなりません。さらに、男子生徒はハウスごとのタイもしくは、ハウスヘッド（ハウス・プリーフェクトのトップ）用のタイ、賞で与えられたタイなどを身につけることが義務となっています。女子生徒は、ハウスバッジをつけ、学校から指定された紺色のロングスカートにシンプルな黒いタイツか靴下をはきます（図表1－4）。寒くても、毛糸の靴下は使用禁止です。

いかがでしょう。どの学校も基本の型はありますが、ネクタイやベストの違いで、生徒がどのコミュニティに属しているのか分かるような制服になっています。また、ホグワーツではとても優秀な生徒に「ホグワーツ特別功労賞（Special Award for Service to the School）」が与えられることになっていますが、パブリック・スクールでは学業や芸術、スポーツ、課外活動で業績を残した生徒には、特別なネクタイやウェストコートが与えられます。これらは様々な分野で努力した結果得られたものであり、名誉の証なのです。

しかし、世の中も大きく変化しています。インフレと生活費が家計を圧迫する中、多くの家庭にとって制服の購入が大きな経済的負担となっているとのこと。そこで、児童協会（The Children's Society）は２０２３年5月にイギリスの親２０００人を対象にアンケート調査を実施しました。調査によると、制服の費用が高額になる一因として、一部の学校がブランド品をスーパーマーケットや大手チェーン店ではなく専門店で購入するよう義務づけていることが挙げられるとのことでした。[3]

そういったことからも、近年パブリック・スクールでは少年少女たちに、制服着用を禁止する傾向にすらあります。パブリック・スクールに行っていることを、ことさらに世間に知らせないように目配りしているようです。

ハウスとは

パブリック・スクールでの教育を土台で支えているのがハウスシステムです。「ハウス」ってことは家？　そう思いたくなりますが、そうではありません。家のごとく生徒たちを守る寮のことを「ハウス」と呼んでいるのです。

「学校にいる間は、ハウスが皆さんの家です」。ホグワーツのマクゴナガル先生が語るように、入寮したら生徒は皆家族の一員となります。ハウスにおいてファミリー・スピリットが育つのです。日本では数少ない学生寮のあるラ・サール校も、ファミリー・スピリットを育成し、生徒たちのつながりを大切にしています。

では、ハウスの名前はどのようにつけられているのでしょうか？　ホグワーツでは創立者である4人の魔法使いの名前がつけられていました。「ゴドリック・グリフィンドール」「ヘルガ・ハッフルパフ」「ロウェナ・レイブンクロー」「サラザール・スリザリン」。実は実際のパブリック・スクールも同じで、設立当時の校長や有名な卒業生の名前が多くつけられています。例えば、ザ・ナインの１つであるウェストミンスター校のあるハウスは、ウェストミンスター卒業生でのちに桂冠詩人（王室が最高の詩人に与える称号で、死ぬまで年俸を支給される）[4]となったイギリスの著名な詩人の一人であるジョン・ドライデンの名前をとって、「ドライデン」と呼ばれています。『クマのプーさん』の著者であるA・A・ミルンの名前をとった「ミルン」というハウスもあります。岩手に建てられたハロウ校の日本分校のハウスの１つは、ハロウ校出身の有名なイギリス首相の「チャーチル」となっています。

一方でハウスの数はホグワーツと少し異なります。ホグワーツは４つでしたが、ザ・ナインでは比較的少ないマーチャント・テイラーズ校（図表１‐５）でも８つ。さらにウィンチェスター校は10、ハロウ校、シュルズベリー校は11、チャーターハウス校は15、ラグ

図表1-5　マーチャント・テイラーズ校

ビー校は13のハウスと他に通学生のためのハウスが3つで合計16ハウスがあります。大規模なパブリック・スクールのイートン校になると25（24のハウスと1つのカレッジ）あるので、実にホグワーツの6倍以上です。

現実のパブリック・スクールのハウスは、通常13歳から18歳までの5学年の生徒がそれぞれ10人ずつ、1ハウス50人程度で共同生活をします。ハロウ校などは入学時は2人部屋で、イートン校では入寮した日から個室で生活を送るようになります。

全寮制が育むもの

1）ハウススピリット

ハウスは、パブリック・スクールの心臓部といえます。身体のすみずみに血液や栄養を送るポンプのごとく、ハウスは24時間、教師と生徒、生徒同士の間の緊密な共同生活を支えています。そこで責任感を持ち、規律を守る生徒を育てているのです。そして、ハウス対抗試合やコンテストを通して、「ハウス魂（スピリット）」も養われることになります。

ハウススピリットとは、強靭さでもあります。人格の形成に著しい影響力を及ぼす13歳から18歳までの5年間の寮生活は、人間関係がどのように構築されているかを実体験として学ぶことができ、彼らに生き抜くためのたくましさを備えさせます。そういったたくましさを養う場所もハウスなのです。

そして、強靭さを内に秘め、エレガントで、洗練された、落ち着きある態度を見つけていく一方で、優しさも備えていくことになります。生徒たちは、ハウスの中での人間関係を通して、相手の気持ちを理解し、共感することを体験しながら、心の優しさも身につけていくからです。

2）友情

ハウスは、全寮制の中で友情を育てるところでもあります。

両親を亡くし、伯父のバーノンと伯母のペチュニア、その息子のダドリーに虐待ともいえる扱いを受けていたハリー・ポッターはそれまで孤独でしたが、ホグワーツに入学したことで、ロン・ウィーズリーやハーマイオニー・グレンジャーと出会いましたね。『ハリー・ポッターと不死鳥の騎士団』でも、ハリーとヴォルデモートとの究極の違いが、ハリーが両親から受けた「愛情」と、ロン、ハーマイオニー、ネビル、ジニー、ルーナといったホグワーツで育てた「友情」であることにハリー自らが気づくのです。

こうした強固な友情を育むのも、ハウスが舞台となるのです。

3）家

さらに、全寮制のハウスは、生徒にとって家でもあります。

『ハリー・ポッターと賢者の石』の最後の場面、ホグワーツ特急で学校をあとにする時、「家に帰るって変な感じね」と言うハーマイオニーに対して、ハリーはハグリッドを見ながら、「I am not going（僕は家に帰るんじゃない）」と断言するシーンからもそれは見て取れます。つまり、ハリーにとっての「家」はハウスであるホグワーツただ1つだったのです。

余談ですが、映画の中での食事の場、そして『ハリー・ポッターと死の秘宝』の最終決戦の場所にもなった大広間は、オックスフォード大学のカレッジの中でも最大規模のクライスト・チャーチ・カレッジのダイニングホールがモデルとなっています。映画で教授たちのテーブルがどんなだったか覚えていますか？　生徒たちより一段高い位置にありまし

図表１-６　オックスフォード大学のカレッジであるユニヴァーシティー・カレッジの「ハイ・テーブル」　©university.college.oxford

たね。これは「ハイ・テーブル」といって、現実では教授レベル以上の人間とお招きされた客しかあの席で食事できないことになっています（図表１-６）。ステータスの高い人しか座れない特権的な場所でもあるのです。

全寮制のメリット

話を戻しましょう。

全寮制の意味は、やはりハウスの連帯感、生徒同士の結束、教職員と生徒の結束、教職員同士の結束、といった強いつながりの人間関係が生み出されることでしょう。全寮制であることで人間関係は密になり、またハウスマスターやテューター、寮母たちとも家族ぐるみで生徒たちと交流することになります。しかし、その人間関係を友好的に保つためには、礼儀・マナーや利他主義が不可欠です。周りの人を大切にすることが、回り回って自分が大切にされることになるのです。寮生活は他人との共同生活です。共同生活の中で、気の合う人や合わない人、信用できる人できない人、を見分けながらも、そういった人たちとうまく生活をしていく術《すべ》が必要になっていきます。その際、礼儀や誠実さや公平な態度が実りあるコミュニティを作っていくことを知るのです。

例えば、「ハリー・ポッター」シリーズのハリーとロンは、すました態度や授業への積極的な姿勢、その上お節介なハーマイオニーとは、もともとそりが合わなかったのですが、ハロウィンの日にトロールに殺されそうになった彼女を2人が命がけで救うことになります。そして、この日を境にハリーとロンとハーマイオニーは、学友というだけではなく、ともに悪と闘う戦友として、強い友情で結ばれてゆくのです。

パブリック・スクールにおいても、ハウスの仲間は固い絆で結ばれてゆきます。固い絆は、楽しいことの共有だけでは生まれません。友情は、ハウス対抗の行事でともに闘いながらも負けた悔しさや、学ぶ辛さの中での助け合いや、罰を受けたあとの励まし、といった苦しみや喜びを一緒にくぐり抜けてきたあとに生まれるものなのです。この友情はＳＮＳやネット越しには育てられないものといえましょう。『トム・ブラウンの学校生活』（１９４０年版映画）でもそれは見て取れます。

もちろん、全寮制であることのメリットは他にもあります。通学生よりも自由に使える時間がたくさんあることです。例えば、大学進学のための教科を中心に組んでいくと、課外活動の時間を確保することが難しくなってしまいますが、全寮制だと時間に余裕があり、スポーツや音楽、絵画、演劇などに週末や空いている時間を充てることができます。パブリック・スクールでは、どのような道を選んでも生徒が満足できる道に進めるように支援することが学校の務めなのです。ですので、生徒たちにできるだけ数多くの選択肢を残しておくためにも、全寮制であることは非常に大切になってくるのです。

ハウスへの振り分け

ホグワーツの生徒のハウスへの振り分けは、かぶった生徒の性格や資質を見抜く「組分け帽子」が決定することになっています。生徒の特徴がハウスによって違っていたのは覚えていますか？　グリフィンドールは勇敢な騎士道精神を備える生徒、ハッフルパフは誠実で忠実な勤勉者、レイブンクローは知性や探求心を持つ生徒、スリザリンは狡猾《こうかつ》さや野心を持つ生徒が集まっていましたね。

もちろん現実のパブリック・スクールで、組分け帽子がそれぞれの生徒を振り分けることはありません。組分け帽子に代わるような、生徒の人となりを見抜く高性能のＡＩがあるわけでもなく、実際はもっとアナログの手順を踏むことになります。

まず、パブリック・スクールへの入学が決まったら、保護者や生徒はいろんなハウスを見学し、各ハウスのハウスマスターに会って話をします。ハリーがスリザリンを嫌がったように、保護者や生徒はお目当てのハウスがあれば希望を出します。ただ、必ずしも希望が通るわけではありません。学習能力や芸術への関心、運動能力なども含めて、ハウスマスターが総合的に判断するのです。ハウスマスターは子どもたちの能力や性格を見て、バランスのよいハウスにしたいと考えています。つまり、生徒によって秀でた能力は違うものの、全体で見れば様々な能力を持った子が在籍しているバランスの良いハウスにしたいと考えているようです。

また、他の生徒たちとうまく寮生活が送れるかどうか、良識ある人間として学校に貢献してくれるかどうか、といった点もじっくりとチェックします。勉強ができることは各生徒の一面でしかないのです。

一人一人の生徒の能力を見出す

ハウスシステムはリーダーシップの機会を生徒にたくさん提供してくれます。その最たる例が監督生制度です。年長の生徒は監督生をつとめ、年下の生徒の面倒をみます。「ハリー・ポッター」でも、学校にトロールが出現した際、ダンブルドア校長は生徒たちが怪我をしないように、監督生に責任を持って生徒たちをハウスに連れ帰るように命じました。監督生、英語ではプリーフェクト（prefect）やモニター（monitor）、プリーポスター（praepostor）と、学校によって異なる名称で呼んでいますが、「ハリー・ポッター」では、ロンとハーマイオニーがグリフィンドールの監督生になりました。監督生については、また第６章で詳しくお話ししましょう。

図表1-7　イートン校

他に、スポーツや討論会などハウス対抗のイベントにおいてチームのキャプテンになる場合も、リーダーシップをとらなければなりません。それは年少の生徒であってもです。できるだけ多くの生徒に対して、意識的にリーダーシップの経験値を伸ばしていく機会をハウスシステムは提供しているといえましょう。

例えば、イートン校（図表1-7）では、ハウスキャプテン（ハウスの優秀な上級生の生徒がなる）はハウスマスターの補佐役であり、他の生徒の相談役ともなります。生徒の意欲をあと押しし、生徒の代弁者の役割も果たします。競技担当のハウスキャプテンは、スポーツ競技の円滑な運営を監督し、生徒たちがスポーツの時間に問題なく活動しているかを確認します。イートン校では監督生をプリーポスターと呼ぶのですが、彼らは生徒全員の適切な行動や振る舞いに対していつでも責任を負っています。このプリーポスターの補佐役が、ディベイトで、通常最終学年の前の学年の生徒がなり、プリーポスターの仕事を徐々に引き継いでいきます。

こういった役割を果たしていくことで、自然にリーダーシップが育っていくのです。もちろん、リーダーシップだけではありません。密な人間関係が生まれる寮生活や学校行事を通して、他者への思いやりもまた育まれます。

そして、そんなハウスシステムを支えるのが先生たちです。先生は生徒のことに細かく目を配り、見守っています。ハリーが1年生から、クィディッチの最も重要なポジションであるシーカーになったことを思い出してみてください。なぜ、新入生のハリーは誰もが憧れるシーカーになれたのでしょうか。それは、父親の才能を受け継ぎ、素晴らしい才能を持っていたことも一因でしょう。一方で、授業でほうきに乗ったハリーをマクゴナガル先生が自室の窓から目撃し、シーカーとしての才能を見出したのも大きなきっかけだったはずです。

生徒一人一人の優れた性質や才能を見つけて、育て、伸ばしていく。それこそがパブリック・スクールの使命でもあるのです。イギリスの教育では、1人の先生が受け持つ生徒数は「少なければ少ないほど良い」という理念があります。1人の教員が受け持つ生徒数は、ザ・ナインでは一般的に10人以下となっており、日本の学校との大きな違いでしょう。確かに、生徒が少なければ少ないほど一人一人に目が行き届きやすくなるはずです。

パブリック・スクールの１日

では、ここからはパブリック・スクールの1日がどのようなものか、見ていきましょう。

「ハリー・ポッター」では学校生活の楽しい部分が描かれていることが多いのですが、パブリック・スクールの生徒によると、実際の生活は「軍隊」みたいだそうです。例えば、取材当時[5]、ハロウ校（図表1-8、1-9）の監督生だったブランドン君の朝はこんな感じです。

「朝の7時30分、ジリジリジリジリというけたたましい目覚ましベルに起こされ、シャワーを浴び、服を着ます。そうしていると、ハウスの点呼があり、寮監は皆が起きているか確認します。それから朝食で、8時30分にはチャペルに行きます。チャペルに行くのは、僕たちのハウスでは火曜と木曜の2日です。月曜には、スピーチ・ルームに集まり全校集会を行います。集会は8時30分から8時50分まで。そのあと1時間目の授業が始まります」

付け加えると、生徒たちはかばんを持つことが禁止されているので、午前の授業に必要な教科書、ノート、パソコンを脇に抱えながら教室に行きます。授業は1コマ40分ですが、授業と授業の間は5分しかなく、教科ごとに建物が違うので、時には駆け足になることも。もちろん、途中で先生に会おうものなら、ストローハットを指で上げるしぐさを優雅にしなけ

図表1-8　ハロウ校

図表1-9　ハロウ校のスピーチ・ルーム

ればなりません。

「授業は午前中に3クラス、11時に休憩です」。この休憩は20分間あるので、生徒はハウスに戻ったり、生徒専用のカフェに行って、それぞれ一休みできます。アイスを食べてもOK。この生徒専用のカフェは先生が入れませんので、生徒にとっては、ほっとする憩いの場でもあるのでしょう。

この中休み後には昼食までにもう2クラスあります。ブランドン君いわく、「午前中に授業が多くて大変です。昼食休憩は12時50分から2時25分まで。時間があるようですが、実際は食堂が1時30分には閉まるので、片付けも考えると20分以内に食べないといけないのです。まるで軍隊みたいです」。

もちろん、午後は午後で大忙しです。午後は授業以外に曜日によってはスポーツやCCF、社会奉仕活動をし、少しの自由時間ののち、午後6時から7時の間に夕食となります。

ちなみに、CCFとはイギリス連合将校養成隊という課外授業の略称です。男女を問わず、多くのイギリスのパブリック・スクールでCCFが準備されており、ブランドン君のハロウ校でも盛んで、半年間は必修となっています。CCFは、隊列の編成、行進の練習、ライフルの分解、弾丸装填、射撃、野営の仕方といった生き延びるためのサバイバル実践教育を受ける授業となっており、非常にタフな訓練もあり、軍靴と迷彩服で身を固めなければなりません。ライフルの指導は、陸、海、空軍所属の職業軍人が教えることになります。[6] 浦沢直樹作画、浦沢直樹・勝鹿北星・長崎尚志脚本の『ＭＡＳＴＥＲキートン』に出てくるイギリス軍特殊空挺部隊（ＳＡＳ）を思い出しますね。

ザ・ナインの言い回し

日本の学閥は出身大学で分けられる場合が多いですが、イギリスではパブリック・スクールごとの学閥、特にザ・ナインの学閥が強いようです。

独特の言い回しによって、どのパブリック・スクール出身かが分かる仕組みにもなっています。例えば、イートン校では、冬はフットボール（サッカーのこと）、夏はクリケットをする芝生のフィールドをメソポタミア（Mesopotamia）なんて呼んでいます。また、アブラカダブラ（Abracadabra）とはイートン校の基本的な時間割のこと。生徒手帳（Fixtures）に載っています（図表１‐10）。ちなみに、この言葉の正確な語源については、専門家の間でも意

図表 1 - 10　イートン校の生徒手帳

見が分かれているようですが、古い言葉だそうです。悪霊を追い払う「魔除《まよ》け」の言葉であったり、魔法をかける時の呪文であったり、また「ちんぷんかんぷん」という意味もあります。

　他方、ラグビー校では「おい、朝礼でボジャー（bodger）が10時にバグ（bug）に集まれって言ってたぞ！」と叫んだ場合、それは、「おい、朝礼で校長が10時に図書館に集まれって言ってたぞ！」という内容になります。辞書によると、本来「bodger」とは「昔ながらに森に住み、伐採した木から椅子を作る人（Collins English Dictionary）」、「bug」は「虫、プログラミングの欠陥（バグ）、バイ菌」という意味です。かなり違った意味になっていますよね。先生のことも、ハロウ校では「ビークス（beaks）」と呼んでいます。「ハリー・ポッター」でも、グリフィンドールの生徒のためのコモンルーム（生徒のための休憩室、社交室）に入る時の合言葉「カプート・ドラコニス（ドラゴンの頭：caput draconis）」がありましたよね。

　このように生徒たちは、各学校の独特の言い回しを使うことで、自分たちがその学校に帰属していることを確認し、それ以外の人たちと一線を画しながら仲間意識を形成し、仲間とそれ以外の人々を区別していきます。鼻につくといえば鼻につく学校といえるでしょう。だからこそ、彼らも「スノッブ[7]＝上流気取りの嫌な奴」と今も言われることがあるのです。他にも、上流階級の人という意味のスラングに「トフ（Toff）」という言葉があるのですが、「イートン校の出身者はトフだからな」などとディスられることも多いとか。この言葉、努力よりもコネを使ってうまくやるというニュアンスで、マイナスのイメージがあります。

　また、上流階級やパブリック・スクールと庶民の間では、使う単語が異なったりもします。「贈り物」は上流階級やパブリック・スクールなら「プレゼント」、庶民なら「ギフト」です。「ソファー」に座るのは上流階級で、庶民は「カウチ」に座ったり、寝そべったりします。

　アクセントをはじめ、階級社会の中でのイギリス人の位置は「祖先、教育、マナー、服装、娯楽形態、住居の種類、生活様式」などで決まっていく[8]というのです。他に「鏡」も階級で異なる表現をします。心から望むものを映し出す「みぞの鏡」にハリーが魅入られそうになった時、ロンもダンブルドア校長も「鏡」のことを英語で「mirror」と呼びますが、「mirror」は庶民の言葉で、パブリック・スクールの生徒や上流階級は「looking-glass」を使うのです。

パブリック・スクール出身のルイス・キャロルの代表作『鏡の国のアリス』の英文タイトルは「Through the Looking-Glass, and What Alice Found There」でしたね。

アクセントと階級

上流階級と庶民を分けるもう１つの印は発音やアクセントです。

上流階級の発音やアクセントは「パブリック・スクール発音」「パブリック・スクールアクセント」と呼ばれ、19世紀にパブリック・スクールの教育で広がっていきました。独特のアクセントや発音を身につけなければ、上流階級の仲間になれない時代もあったから困ったものです。現在ではこのパブリック・スクール発音は、キングズ・イングリッシュやイギリス標準英語（Received Pronunciation：ＲＰ）とも呼ばれています。

ちなみに、「ハリー・ポッター」ではほとんどの登場人物は、キングズ・イングリッシュではなく、河口域英語（エスチュアリー英語：ＥＥ）を話しているようです。ＥＥとは、イギリス標準英語と労働者階級の言葉であるコックニーが混ざった、テムズ川の河口域で使われるようになった英語です。もしかしたら、本作品では様々な人が映画を観ることを考えて、より多くの人に馴染みの深い英語が使われているのかもしれません。

あえて「ほとんどの登場人物」と書いた理由は『ハリー・ポッターと秘密の部屋』から登場するドラコ・マルフォイの父親ルシウス・マルフォイは、典型的なパブリック・スクールアクセントを話す人物で、本シリーズの中でも最高のキングズ・イングリッシュを話しているからです。一方で、ドラコの伯母に当たるベラトリックス・レストレンジを演じたヘレン・ボナム・カーターはザ・ナインのウェストミンスター校出身で、非常にポッシュな（上流階級らしい）英語を話すのですが、映画ではそれを封印し、幼児語を交えて話すことで見事に役を演じきっていました。

近年までオックス・ブリッジ（オックスフォード大学とケンブリッジ大学の併称）に進学する際の面接では、パブリック・スクールのアクセントや発音で受け答えができていると、入学しやすかったそうです。現在は政府の改革および大学自らの改革によって、入学判定のためにパブリック・スクールのアクセントや発音が合格のための判断材料として用いられることはありません。ただ、当時は無視できないことだったようで、エセックス出身の私の友人は、オックスフォード大学を受験する時、エセックス出身であることを試験官に知られたくないため、発音を矯正していたそうです。というのも、エセックス・マンとは「金儲けばかりに執心する野郎」だと見られるからとのことでした。

階級差の重みがどれほどのものかは、『ソフィーの選択』でアカデミー主演女優賞を受賞したメリル・ストリープが演ずる映画『マーガレット・サッチャー：鉄の女の涙』を観てみてください。中流階級出身のサッチャーが、ジェントルマンたちの集まる議会で成功するために、徹底的に上流階級の発音の訓練をする場面が出てきます。一方で、パブリック・スクール出身の議員は、現代においても、自分たちが庶民側にいることをアピールするために、わざわざパブリック・スクールアクセントを修正し、EEをまねたりすることもあります。

様々な才能の開花

話が少し脱線気味になってしまいました。元に戻しましょうか。

パブリック・スクールに集まる生徒は優秀というよりも、「個性豊か」という方が腑《ふ》に落ちます。ハリーのように超優秀なウィザードもいれば、ロンのようにウィザードとしては普通だけれど、チェスでは誰にも負けないとか。ザ・ナインにも、スポーツが得意な子もいれば、音楽が抜きん出ている子もいますし、型破りな子どもやユニークな生徒もいます。

皆さんが知る有名な俳優も輩出しています。『ファンタスティック・ビースト』で主役を演じたエディ・レッドメインや、『HOMELAND』でエミー賞やゴールデングローブ賞をとったダミアン・ルイス、『シャーロック』でホームズ役を務めたベネディクト・カンバーバッチ、『ダウントン・アビー』のガイ・デクスター役のドミニク・ウェスト、そして『オックスフォードミステリー ルイス警部』でハサウェイ刑事を演じたローレンス・フォックスなどなど。枚挙にいとまがありません。

実際、イートン校は昔から演劇に力を入れており、最高の環境も用意されています。学内にファラー劇場という４００人収容の劇場があり、寮単位で行われる演劇でも世界最高峰の劇団「ロイヤル・シェイクスピア・カンパニー」の指導を受けることができるのです。他にも、イートン校ではファッションやテキスタイルがとても好きな男子生徒が、部屋に自分用のミシンを置いて、友達や女子校の生徒をモデルにして学内でチャリティー・ファッションショーを開いたこともあるとか。みんな拍手喝采だったそうです。

このようにパブリック・スクールでは多様な人間をあるがままに受け入れる余裕があるよ

うです。つまり、一人一人に居場所があり、得意とする才能を伸ばしてくれる応援者がいるのです。

教育の機会均等とは、同学年のすべての生徒に同じレベルの内容を教えることを指しているわけではありません。学校や教員が、それぞれ個々の生徒の優れたところを伸ばすことに力を入れ、また、それぞれの生徒が自分の個性を見つけ出せるような環境を整えてくれるならば、生徒たちも喜んで学校に行くのではないでしょうか。

1　１９６４年から70年まで校長を務めたアンソニー・トレンチにより正式な服装規定が決まった。Eton College Collections, "Celebrating 80 years of School Dress" (https://collections.etoncollege.com/celebrating-80-years-of-school-dress/)

2　Eton College Collections, "Celebrating 80 years of School Dress" (https://collections.etoncollege.com/celebrating-80-years-of-school-dress/)

3　https://www.independent.co.uk/news/uk/england-society-charities-department-for-educationaction-for-children-b2364610.html

4　日本では1946年に廃止された御歌所の参候ともいうべきもので、前任者が死亡すれば、首相の推薦により任命される終身職。その後王室からもらう名誉号となり、1967年を最後に廃止された。

5　2017年のイギリス・ハロウ校。

6　イギリス・ハロウ校の日常については、松原直美『英国名門校の流儀』新潮新書（2019年）および、松原直美氏からの情報をもとに記載した。

7　もともとこの語は、ケンブリッジ大学の学生が使っていたスラングで、学生は自らをガウンズマン（大学のガウンを着た人）と呼んだのに対し、ケンブリッジの街の人を「靴屋（スノッブ）」と呼んだのが始まり。侮蔑的な表現で、「ゲス、ごろつき」といった意味をあらわす（Oxford English Dictionary）。

8　D・キャナダイン『イギリスの階級社会』平田雅博・吉田正広訳、日本経済評論社（2008年）26頁。

第2章

パブリック・スクールと
古典

『いまを生きる』に学ぶ
生徒の育て方

理想の教員

第1章では『ハリー・ポッター』を例に、パブリック・スクールの学校生活の一端を紹介しました。ここからはパブリック・スクールの教育、つまり教師が学生に何を教えているのか、また、学校がどんな理念を持って生徒を育てようとしているのか、についてお話ししていきましょう。

取り上げるのはアメリカの『いまを生きる』という、心を揺り動かされ、涙する映画です。1989年に公開され、日本では1990年に初上映されました。主人公は、とある有名パブリック・スクールに赴任してきた教師のジョン・キーティング。この教師の在りようは、時に〝理想の教師像〟とも言われ、私の周りにも「キーティングを目指したい」という教員がいます。キーティングを演じたのは、今は亡き名優のロビン・ウィリアムズです。彼は『ミセス・ダウト』でゴールデングローブ賞主演男優賞、『グッド・ウィル・ハンティング』でアカデミー賞助演男優賞をとり、『いまを生きる』をはじめ、たくさんの映画で主演を演じてきました。

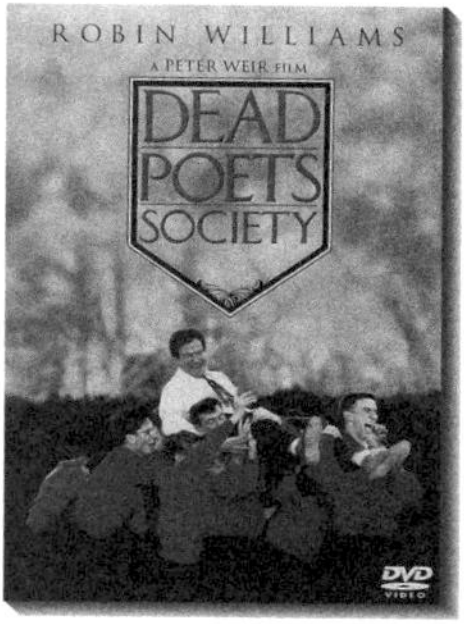

タイトル	いまを生きる
制作年	1989年
監督	ピーター・ウィアー
脚本	トム・シュルマン
制作会社	Touchstone Pictures
配給	ワーナー・ブラザース・ピクチャーズ

では本作品のあらすじはというと、舞台は1959年、アメリカ・バーモント州にあるウェルトン・アカデミーという架空の男子全寮制学校です。この学校へ赴任してきたOBの英語教師キーティングと生徒たちの心の交流が描かれています。キーティングは他のどの教師とも違う異質な先生です。一方、生徒は思うように生きることができない日々にもどかしさを感じている様子。そんな状況の中で、生徒たちが自分の人生をつかみ取っていく姿が、本作品では鮮やかに映し出されており、純粋な若者の感性や、熱い思いを私たちに伝えてくれる映画となっています。

ここで疑問に思った人もいるのではないでしょうか。なぜ、イギリスのパブリック・スクールの話をしているのに、アメリカの学校を舞台にした映画を取り上げるのか、と。その理由の1つは、キーティングがイギリスのパブリック・スクールで教師として働いた経験から、その優れた教育理念をウェルトン・アカデミーで再現しようとしていたからです。そして、もう1つの大事な理由は、この映画ではパブリック・スクールの教育内容やそれぞれの教師の教育に対する姿勢が、具体的に描かれているからなのです。

パブリック・スクールの先生は、生徒たちとどう向き合っているのか。何に重きを置いて生徒を育てようとしているのか。また、理想の教師とはどのような教師なのか。この映画では、そんなパブリック・スクールの根幹となる思想を垣間見ることができます。

パブリック・スクールに求めるもの

映画の舞台であるウェルトン・アカデミーは、「伝統、名誉、規律、美徳」をモットーとする名門進学校です。親が子どもたちに安定した将来を歩ませるため、つまり、子どもたちが有名大学に進学し、大企業に勤めたり、医者や弁護士になることを期待する親たちのために準備された学校です。

進学校の名に恥じぬよう、そして学校の威信を守るべく、生徒たちはノーラン校長の下で、厳格な規則や規律に縛られた生活をしており、教師も、校長や親の意向にもっぱら沿う形で生徒を教えています。子どもたちにとっては不要な規則や規律があることに教師たちは目もくれません。つまり、この映画は大人が敷いたレールの上で生きることを前提とした生徒たちの日常の姿から始まります。

実際に世界中の富裕層の親たちは、子どもたちの安定した生活や人脈作りを期待して、彼らをイギリスのパブリック・スクール、特にザ・ナインに進学させます。今でもリーダーシップや個人の完成が、パブリック・スクールにおいてのみ達成されると考える親もいるのです。

調べてみると、ザ・ナインの卒業生の９割は大学に進学。３〜４割がオックスフォード大学やケンブリッジ大学に進学し、１割がアメリカの名門アイビー・リーグに進むために海を渡り、４割は他のイギリスの名門大学に進学しています。この進学実績はイギリスでもトップクラスで、卒業後には外交官や官僚、裁判官、医師、弁護士に進む若者が相変わらず多いのが現状です。ただ、20世紀後半までは考えられなかったことですが、最近は金融関係や起業家、マスコミを目指す生徒たちも増えてきました。

私がイギリスでインタビューしたハロウ校の生徒アレックス君も、スマホのゲームアプリを製作し、15歳くらいから起業し、卒業後は、ケンブリッジ大学で数学を専攻しつつ、どんどん新作アプリを作っています。このアレックス君と日本の大学の学生たちが交流しましたが、多様なアルバイトをする日本の大学生の自由さに驚いていました。イギリスの大半の大学生は、大学の勉強だけで一杯一杯でアルバイトをしないようです。

マナーやモラルを身につける

一方で、パブリック・スクールは将来の就職につながる大学への進学率が高ければそれで良い、と考えているわけではないようです。学業以外に子どもたちが社会で生きるためのマナーやモラルをきっちり身につけてほしい、彼らの隠れた才能や能力を見出してもらいたい、と願う親たちもまた多いのです。そこで、学校側も大学進学だけではなく、パブリック・スクールは次のことを教える場所でもある、と考えるようになってきました。

・失敗との向き合い方を学ぶ場所：

生きる上では、勝つことよりも負けることの方が圧倒的に多いです。テストやスポーツの試合、劇、コンサートで常にうまくやれるわけではありません。勝つチームがあれば負けるチームもあることは世の常。そんな競争社会の中で優れた相手を讃《たた》えながら、負けてしまった自分を前向きな姿勢で受け止められるように生徒を導くことが重要視されています。

・自分の才能を発見・発展させる場所：

学業で伸び悩んでいたとしても、教師は学業以外の面で生徒の秀でた才能を見つけ出し、その才能を開花させようと試みます。『いまを生きる』でもそんな場面がありました。自分の殻に閉じこもりがちで消極的だったトッド。彼は学校でトップであった兄と比較され続け、両親から愛情のかけらも見出せない日々を送っていました。しかし、キーティングの授業を通して、心に溜まった思いのたけを吐き出し、独自の詩才を伸ばしていくのです。

・重要な教養を学ぶ場所・

5世紀頃から自由七科（文法学、修辞学、論理学、算術、天文学、幾何学、音楽）と呼ばれる「自由人」になるために学ぶべき教科があります。今と昔では「自由人」の意味が異なりますが（古代ギリシャやローマ時代は奴隷ではない人々を指していました）、つまるところ「自由人」とは自分自身で自由な発想や考えができ、己の人生を切り拓《ひら》いていける人のことを指します。そして、外交官や官僚、裁判官、医師、弁護士といった生活の糧を稼ぐための職につくのではなく、自由人になるための教養を学ぶ場所がパブリック・スクールです。教養を身につけることによって、様々な偏見や束縛から解き放たれ、自由に生きることになるのです。

映画の中ではキーティングが「医学、法律、経営学、工学は生きるために必要だ。でも、詩や美、恋は、私たちの生きる糧であり、生きる理由なんだ」と語っています。詩や美や恋では「心と魂との闘い」が求められ、その闘いの中で、生徒たちは己を知り、その過程を経て、彼らは自らの心を解き放つ方法を学んでいきます。

・試験よりも大切なものがあることを教える場所・

学校では上級生に責任感が求められ、下級生もそれぞれ役割が与えられ、義務と責任、使命を全うすることの大切さも学んでいきます。

型破りなキーティングの教育

また、映画の話に戻りましょう。キーティングは同校出身にもかかわらず、型破りな教師です。他の先生のクラスでは黙々と授業が進みますが、彼の授業では英語の教科書に掲載された有名批評家の論文を、生徒自らの手で破り捨てさせます。その論文では英語の詩を数値で評価しようとしていたのですが、彼は「詩にこめられた思想や言葉の力を、どうして数値で測れるのか！　詩とは自由に感じるものであり、読む者によって感じ方は違うはずだ！」と生徒たちに問いかけます。上から押しつけられた考えに無批判に従うことなく、自分で考えなさい、と教えようとするのです。

授業中にビリビリ教科書を破っている生徒に驚いたラテン語教師のマカリスターは、昼食時にキーティングと次のような会話をします。

マカリスター：（教科書をビリビリ破るなんて）興味深い授業をしていたね。
キーティング：驚かせて失礼。
マカリスター：いや、かなり面白かった。指導ミスだがね。
キーティング：そうですか？
マカリスター：芸術家たれ、と教えるのは危険だ。自分たちがそうでないと知ったら、君を憎むぞ！
キーティング：芸術家？　自由思想家たれ、と言いたかったんです。
マカリスター：17歳でかい？
キーティング：皮肉屋なんですね。
マカリスター：皮肉屋なんかじゃないさ。現実主義者だ。「愚かな夢に縛られぬ心の持ち主こそ幸福なり」[1]
キーティング：「真の自由は夢の中にある。昔も今も、そしてこれからも」
マカリスター：（かの有名な）テニスンからの引用かい？

キーティング：キーティング（僕）さ！

生徒に夢など持たせず、現実を直視させせろと語るラテン語教師のマカリスター。マカリスターは、板書したラテン語の格変化を発音しながら、生徒に延々と斉唱させます。単語をただひたすら暗唱させるのです。

人文学をかじる者であれば知らぬ人などおらぬであろうアルフレッド・テニスンの詩を引用してキーティングの教え方を批判するマカリスターに対し、キーティングは無名であれど、確固たる自己の言葉を使って反論します。テニスンとは、イギリス・ヴィクトリア朝を代表する詩人で、王朝から桂冠詩人の称号を与えられた人物です。

映画ではキーティングの自由闊達《かったつ》な授業と、マカリスターのひたすら繰り返す授業とが対比され、教えること、学ぶことの意味を考えさせる場面となっているのです。

自分なりの歩み方で

またある日の授業では、キーティングは突然机の上に立って生徒に語りかけます。「机の上に立ってみると分かる。常に物事をあらゆる角度から見つめるんだ。ほら、ここからは世界が全く違って見えるぞ」

今度は生徒を机の上に立たせ、こう言うのです。

「ばかばかしくても、別の角度から眺め、そこから周りをきちんと見渡してみるんだ！　そして自分の考えを大切にするんだ」

視点を変えると見え方、感じ方が変わるように、正しいこと、悪いことも見る立場によって変わります。一方から見れば正義であっても、他方から見れば悪ということもあるのです。

キーティングの型破りな授業はまだまだ続きます。別の日には3人の生徒に中庭を自由に歩かせました。彼らは一列になって歩きだします。それを見ていた生徒たちもその歩調に合わせて手拍子を始めました。すると、キーティングは3人を止めてクラスの皆にこう言うのです。

「自分の信念を貫き通すことは難しい。誰も人とは違う歩き方をしたいと思うんだ。なのになぜ君たちは（同じテンポの歩き方に調子をそろえようと）手拍子したんだい？」

彼は、他人から非難されようと、バカにされようと、自信を持ち、自らの道を見つけ、自分なりの歩み方で歩んでいきなさい。それこそが自分の人生なのだ、と生徒たちに伝えようとしていたのです。

こうしたキーティングの風変わりな授業に、生徒たちは戸惑いますが、次第に刺激され、新しい考えや、規則や親の期待に縛られない自由な生き方に目覚めていきます。彼は生徒たちに行動を起こさせ、その行動の中から自らの生き方をつかみ取らせようとするのでした。生徒一人一人の可能性や情熱、自己表現を尊重するキーティングにとって、教育とは自立心や独立心を養う道程であり、勉強や学問はその道程をスムーズに歩ませるための手段なのです。決して名門大学に進学するためではありません。彼は先入観にとらわれずに自分の感性を信じ、自分自身の声に耳をかたむけなさい、と繰り返し生徒たちに語るのでした。

そして彼に感化された生徒たちが立ち上がり、キーティングが生徒だった頃に立ち上げた詩のクラブ「死せる詩人の会」を学校近くの洞窟で再興します。映画の中では、「死せる詩人の会」の冒頭に、ヘンリー・ソロー（１８１７～１８６２年）の『森の生活』の一節を主人公の一人であるニールが読み上げます。

私はじっくりと生きるため森に入った
深く生き、そして、人生の真髄を吸収するために
命ならざるものを全て葬り去り
死ぬ時に悔いのないように生きるために[2]

キーティングを慕う生徒たちはこの会で互いに自由に語らいながら、人生で望むことが何かを探し始めたのでした。

演劇が育むもの

では、実際のパブリック・スクールではどうなっているのでしょうか？　9割という大学進学率を考えると、マカリスターのごとく生徒に暗唱させるだけの授業が多いのかと思いき

や、必ずしもそうとはいえないようです。実は現実のパブリック・スクールにおいても、キーティングの目指すところが、現実の教師の目指すところでもあります。意外にも彼の思想は、現代のパブリック・スクールの考え方と似ているようなのです。

イートン校でお目にかかったハウスマスター（寮監）のコリン・クックは、生徒の将来を考え、生徒を育てることに熱心な教師でした。また、ハロウ校の元校長ジム・ホーキンズ（２０１１〜２０１８年在職）も、単に名門大学に入ることを学校の教育目標とはせず、次のように熱く語ってくれました。

「成績だけではなく、その先の長い人生においても、彼らに幸せな人間になってもらいたいのです。高い理想ほど、その実現に時間がかかるのですよ！」[3]

現実のパブリック・スクールでは生徒たちの自立心や独立心を養うために、演劇を活用したりしています。ハウスごとに賞を競い合いながら演劇を行うのです。

自己のベストを尽くし、劇を完成させるためには責任が不可欠です。生徒たちは多忙な毎日の生活の中で演劇の練習を行います。また、劇では役柄を演じ切って劇中人物になりきることも重要です。自分の人生ではなり得ないような人物、ハムレットやマクベス、時には男子生徒であっても女性であるオフィーリアといった人たちを演じ切らねばなりません。こうして演じる中で他者と自己とを比較し、自我を確立していくとともに他者の気持ちを次第に理解していくことができるのです。

モラルや責任感や勇気

前述のイートン校のクックは、「卒業時には自立した心と、他人を思いやる心を持つことができるようになること、そして、骨のある人間になることを私たちは願っています」と語ってくれました。クックの言う「骨」とは、揺るぎない信念、自身のよって立つ思想のようなものであり、それを支えているのが「モラル」や「責任感」なのでしょう。「悪いことは悪い、正しいことは正しい」と言えるような生徒に、日々の生活を通じて育てていくことを目指しているのです。

イギリス社会では、争い事は議論で解決しようとします。その際に重要なことは、客観的に正しいか間違っているかの判断を下す「モラル」や「責任感」、そしてそれら2つを下支えする「勇気」です。同様に、その議論の結果が自分にとって不利になったとしても、その判断結果を受け入れる「モラル」や「責任感」や「勇気」が必要になります。それらを育てているのがパブリック・スクールだと言えましょう。

イートン校のトニー・リトル元校長（２００２〜２０１５年在職）は、保護者に対し、なぜ子どもをパブリック・スクールに行かせるべきかの理由を以下のように答えてくれました。

「パブリック・スクールと他の私立学校、どちらに行かせても成績はだいたい同じだと思います。ですが、お子さんはここで長い時間を過ごします。夜も週末もずっと。いろんな人と交流して、幅広い経験をし、リーダーシップやマナーやモラルを身につけていくのです[4]」

こうした教育の結果、社会的地位や年齢などが上の人に対しても権威主義的に無批判に従うことなく、対等のスタンスを保ちながら人間関係を築くことになります。

実際そういった場面に私も遭遇したことがあります。バスに乗っている時でした。通学にバスを利用している小学生の女の子が年配のバスの運転手に正確な英語で、素朴な質問ではありますが、「なぜ、運賃が往復で異なるのか」と尋ねていたのです。それに対し、運転手は子どもだと軽くいなす様子もなく、彼女が納得するまで分かりやすく丁寧に説明していました。

古典に学ぶ教養

それでは、現実のパブリック・スクールでは、どのような授業によって、「モラル」や「責任感」や「勇気」を醸成しているのでしょうか？　パブリック・スクールでは古典の授業がとても大切にされています。例えば、パブリック・スクールの生徒たちは、ギリシャ語やラテン語を学んだあと、それらの言語で書かれた優れた古典を読んでいきます。

パブリック・スクールにおいて生徒たちはヒューマニズムを基盤とする教養教育が教え込まれます。それは、ギリシャ・ローマ古典の語学的訓練と思想内容の教授によって行われ、その際使用された副読本は、テレンティウス、プラウトゥス、ヴェルギリウス、ホラティウス、キケロ、カエサル、サルスティウス、さらにソクラテス、ホメロス、エウリピデス、アリストパネス、ヘシオドスの作品などです。古典の学習を通じて、単なる言語の上達のみならず、知的・哲学的訓練と徳性の涵養《かんよう》とを同時に目指すのです。

映画の中でもキーティングが「その日を摘《つ》め（Carpe diem）」というホラティウスの詩歌が収められた『歌集』の第1巻第11歌を取り上げています。「その日を摘め」は長い句の一部分であり、要約すると「明日が来るなんてあてにせず、今日一日の花を摘め（Seize the Day）」という意味です。

これと同じ意味で、17世紀イギリスのバロック詩人であるロバート・ヘリックの「乙女らへ、時を大切にせよ」（『時を惜しめと、乙女たちに告ぐ』）の中の有名な句、「摘めるうちにバラの蕾《つぼみ》を摘みなさい（Gather Ye Rosebuds While Ye May）」もキーティングは引用します。言葉を通して言葉の有する重要性を生徒に伝えようとするのです。ここで彼は生徒たちに次のことを伝えたかったのです。

「言語や思想で世界も変えられる」

「自分の人生を謳歌するんだ！」

（だから）「今を（大切に）生きろ」

同様に、キーティングはホイットマンの代表作ともいえる自由詩を引用します。生徒たちに「自由たれ」と伝えるためにも、従来の定型詩とは違う型にはまらぬ自由詩で生徒を鼓舞します。自分で悩み、答えを見つける中で、自分の人生は続いていくのだ、ということを生徒たちに伝えようとするのでした。

自分とは何なんだ、人生とは何なんだ、幾度となく悩ます疑問
信頼に値しない、永遠に続く連続
愚か者であふれる町
これらにどんな意味があるのか？　自分よ、人生よ

答え…　それはお前がここにいるからだ
ここに人生があり、生きた証があるからだ

（ウォルト・ホイットマン「草の葉」1892年版、Yoko Nozaki訳）[5]

第3章で紹介する映画『チップス先生さようなら』の中でも、ドイツ空軍が爆弾を落とすさなかも、主人公のチップス先生が『ガリア戦記』の一文を取り上げ、戦争を引き起こす人間性というものを生徒に教えていきます。人間性を知ることで、自らを正しい道へと導こうとするのです。

実際、今もなおパブリック・スクールでは古典学を通しての教養教育を重視しています。古典学を通じた厳格な知的訓練により「生涯にわたって学習者になる人間を生み出し、批判

ができる若者が育つから」であり、「そういった若者は討論ができ、哲学的な考え方を明確に述べることができ」ると考えているようです。[6] そのために、過去に生きた人間の様々な行動を通じて、生き方やなぜその国が最終的には消滅してしまったのかを生徒に考えさせるのです。例えば、戦争や差別について討論させたり、レポートを書かせたり。そういった学びを通して、社会の矛盾や人間の生きる目的などを学んでいくわけですが、まず考えることが重要で、日々考える中で生徒は思考を深めていくのです。

どんな古典を学んでいるのか

ラグビー校を一躍有名にした校長トマス・アーノルド（1795〜1842年）も教養教育、特に古典学を重視したことで知られています。西欧諸国において古典学とは、ギリシャ語やラテン語の古典を読むことでしたが、彼は、言葉の中に埋もれた哲学を学ぶことこそ、精神を形作るために重要なのだと考え、「ギリシャ・ローマの精神が、人間を築き上げている精神の基本であ」り、「道徳的・政治的な見解がもっぱら人間の人格を決定する」[7] としました。

彼は古典学を通じて、生徒一人一人をいにしえの人々の精神を貫く哲学に目覚めさせ、道徳心を養わせようと試みたのです。今なおラグビー校ではアーノルドの教えを受け継ぎ、古典学重視のカリキュラム編成がなされています。

実際に古典学や現代言語の授業で扱われている作品をいくつか見てみましょう（出典：ラグビー校の教師からの情報、２０２０年時点）。

カエサル（シーザー）『ガリア戦記』
ソフォクレス『アンティゴネー』
プラトン『パイドン』
ウンベルト・エコ『薔薇の名前』
ヘルマン・ヘッセ『ガラス玉演戯』
ジョセフ・コンラッド『ノストローモ』
シャーロット・ブロンテ『ジェーン・エア』
Ｊ・Ｄ・サリンジャー『ライ麦畑でつかまえて』

ジャンル	書　名	著　者
ギリシャ語	*Plato Six Pack: Euthyphro, Apology, Crito, Phaedo, The Allegory of the Cave & Symposium*	Jowett, Benjamin
	Antigone	Sophocles
	Memorabilia	Xenophon
歴史	*On Deep History and the Brain*	Smail, Daniel Lord
	Sapiens: A brief History of Humankind	Harari, Yuval Noah
ラテン語	*Imperium*	Harris, Robert
	Dictator	Harris, Robert
	Lustrum	Harris, Robert
	The Poems	Lyne, Oliver & Lee, Guy
	Rome in the late Republic	Beard, Mary & Crawford, Michael
	The Love Poems	Ovid

図表2‐1　ラグビー校の高学年の必読書リストの一部
ラグビー校の教師からの情報をもとに作成。

授業の目的はこれら作品に書かれた内容を知ることではありません。例えば『ガリア戦記』では、どこで何が起こり、何年に終わったのか、といったことよりも、史実を正しく知った上で、その教訓を現代にどう活かすかを考えることに主眼が置かれています。

他に、ザ・ナインのウィンチェスター校、ウェストミンスター校、ハロウ校の授業を比較してみると、やはり古典学が共通していました。古典学ではラテン語を重視しており、これら3校もラテン語が必修のようです。関心のある方は、図表2‐1にラグビー校の高学年用の必読書リストを挙げておきますので参考にしてください。

いにしえの書を学ぶことにより人間として

の道を知る。古典学を学ぶということは、「人はどう生きるべきか」を知ることにつながっているようです。それら古典の中の「言葉に埋もれた哲学を学ぶ」ことで、「モラル」や「責任感」や「勇気」が育っていくのです。

罰則を設ける理由

一方で、「モラル」や「責任感」を育てるのは古典学ばかりではありません。

第1章では、優れた生徒には賞が与えられることをお伝えしました。ただ、生徒は賞を与えられるだけではありません。誤ったことやマナーに反することをすると、当然ながら罰が与えられます。褒めるだけでは教えられないことが、罰則を通して教えられるのです。

古くは、パブリック・スクールも規律を保つために厳しい罰則を設けており、教師も厳格で、校長による鞭打ちや体罰が横行していました（詳細は第6章を参照）。映画でも「死せる詩人の会」のメンバーだった生徒が学校新聞に許可なく記事を載せたことで、罰として校長から硬い板でおしりを叩かれていました。もちろん、現代のパブリック・スクールではこうした体罰はなくなっています。ただ、ルールの遵守は現代においても厳しいものです。いじめや喫煙などはもちろんご法度《はっと》。テレビも携帯電話も持ち込み禁止です。外出するにもハウスマスターの許可が必要で、違反した生徒には勉強の課題が与えられたり、庭仕事やごみの片付けなどの罰が科せられます。

これらは軽い罰で、「ディテンション（Detention）」あるいは「デティーナ（Detina）」というものです。この罰は宿題をサボったり、授業中居眠りをしたり、遅刻をしたり、カンニングをした時などに与えられる罰で、担当教師の監視のもと、居残りの課題をしなければなりません。第3章で紹介する『チップス先生さようなら』の中でも、ある生徒が授業でギリシャ語の教科書を訳すのですが、彼は「あんちょこ（教科書が翻訳されたメモ書き）」を使っており、ズルを見抜いていたチップス先生が罰として25回の書き取りを課題として出しています。

重い罰には停学や退学もあります。イギリスでも親が有名大学につながる教育を望むことは日本と同じですが、躾《しつけ》への期待は日本とは比べられないほど大きく、学校側の厳しい罰則も喜んで受け入れているようです。

例えば、イートン校では小さな規律違反、就寝時間に遅れる、スタッフに反抗する、遅刻、廊下で球技をするといったことに対する懲罰はハウス内での労働作業ですが、大きな違反、煙草を吸ったり、カンニングをしたり、いじめや薬物の摂取などの場合、関わった生徒は即除籍となります。

服装についてもそれぞれの場面でのドレスコードがあり、ＴＰＯに合った清潔で整った服を着用していないと罰を受けます。革靴が汚れていたり、規定の制服を着ていないのは罰則の対象です。男の子は貴金属をつけてもいけません。もちろん、イヤリングもだめです。それに反すると罰が与えられます。

着衣の違反は、カストス（Custos）と命名されている職員に報告され、ハロウ校では３日間連続で朝7時15分～30分の間に身なりを整えてカストスの待機する事務室を訪問しなくてはなりません。ハロウ校を紹介するＤＶＤ（*Harrow - A Very British School*：２０１３年）では、早朝からカストスに会いに行った生徒の革靴が汚れており、再度磨いてくるようにと怒られていたのが印象的でした。これは、学力や家柄だけではなく、生徒に対してマナーや品格が今日でも強く求められている結果でしょう。

どんな生徒を育てたいのか？

今までパブリック・スクールの教育を詳しく見てきましたが、いかがでしたでしょうか。キーティングは、既成概念や先入観にとらわれずに自分を信じ、自身の声に耳をかたむける中で、生徒たちが自らの道を見つけることを願っていました。もちろん自分なりの歩み方で人生を歩くためには、自分の足でしっかりと立つことが前提です。そしてこういった考えは、パブリック・スクールの理念と重なるところでもあるのです。

先述のイートン校のリトル元校長は「世界に羽ばたいていける若者を育成したいと思っています。自分に自信を持ち、ゆとりがあって、勉強面でも十分な学力を身につけた生徒です」と語っていました。そういった価値観や自信、自立心を育てるために、イートン校で学んでほしいのだとも彼は述べてもいます。それらは、教師から学ぶだけではなく、仲間と一緒にいることでも身につくのだそうです。だからこそ、24時間起居をともにする全寮制というものが重要になるのでしょう。

大学進学のための学業はもちろん大切です。その後の就職も重要でしょう。ただ、今ではどのパブリック・スクールも学業の成績だけではなく、それぞれの子どもが学校生活の中で幸せであるかどうかを重視しています。その理由は「幸せな子どもは成功する確率が高く、勉強もよくできる」からだそうです。

なるほど。

皆さんは、これをどう受け止められますか。

1 Alfred Tennyson, "Show me the heart unfettered by foolish dreams and I'll show you a happy man"

2 ヘンリー・ソロー『森の生活（上）：ウォールデン』飯田実訳、岩波文庫（1995年）162、164頁。

3 2017年、ハロウ校のジム・ホーキンズ前校長に彼の自宅で取材した時の記録から。

4 2017年、イートン校の校長室で取材した時の記録から。

5　ホイットマンの詩の訳に関して「幾度となく～生きた証があるからだ」までの部分は、Yoko Nozakiさんの歯切れのよい訳である『THE MUSIC PLANT Blog』(https://themusicplant.blogspot.com/2014/08/rip-what-will-your-verse-be.html) から引用させて頂いた。

6　２０１７年、ハロウ校のジム・ホーキンズ前校長に彼の自宅で取材した時の記録から。

7　藤井泰『イギリス中等教育制度史研究』風間書房（１９９５年）29頁。

第3章

パブリック・スクールとマスター

『チップス先生さようなら』に学ぶ
理想の教師像

学校を支える人々

『チップス先生さようなら』（1969年）という映画のタイトルを聞いたことはあるでしょうか。この映画は、イギリスの小説家ジェームズ・ヒルトンの同名小説を映画化したものです。古い作品なのでご存じない人も多いかもしれませんが、当時、映画は大ヒット。主人公のチップス先生を演じたピーター・オトゥールは、本作品で第27回ゴールデングローブ賞主演男優賞を受賞しました。原作小説も1929年に始まった世界的大恐慌のさなか、出版社のほとんどが壊滅的状況にあったにもかかわらずベストセラーになりました。

この映画の1つの特徴は、ミュージカル映画だということでしょう。チップス先生役のピーター・オトゥールと、妻キャサリン役のペトゥラ・クラークの唄声が観ている者を魅了します。もちろん歌だけではなく、先生と生徒の間の揺れ動く心情もしっかりと映し出されています。

パブリック・スクールでは先生のことをマスターと呼びますが、チップス先生はマスターとして年月を積んだあとにハウスマスター（寮監）となり、代行ではありましたが、最終的

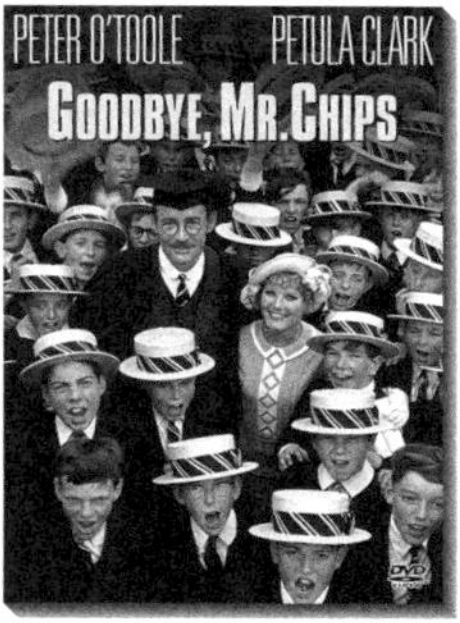

タイトル	**チップス先生さようなら**
制作年	1969年
監督	ハーバート・ロス
脚本	テレンス・ラティガン
制作会社	Metro-Goldwyn-Mayer
配給	ワーナー・ブラザース・ピクチャーズ
原作	*Goodbye, Mr. Chips* James Hilton

にヘッドマスター（校長）になります。教師であり、寮監であり、校長でもあったのです。そんなチップス先生の人物像は、作者ヒルトン自身が学んだイギリス・ケンブリッジの全寮制学校（ボーディング・スクール）であるリーズ校での体験と、当時校長であったヒルトンの父や母校リーズ校のマスターたちからヒントを得ているそうです。[1]

そこで、第3章ではこの映画を通してパブリック・スクールの教師であるマスター、寮のまとめ役であるハウスマスター、そして学校のトップであるヘッドマスターそれぞれに求められる役割や資質について考えてみましょう。

とその前に、皆さんに知っておいていただきたいことがあります。

それは、日本と違ってイギリスの「公立学校」の初等・中等学校（日本の小学校から高校まで）の教師は、子どもたちからも親からもあまり敬意を払われていないということです。社会的評価が低く、給与も低く、優れた先生が集まりにくく、優れた教師のなり手も少ないのです。特に数学の教員不足は社会問題化さえしています。

以前はとりわけ公立学校の教師の給与が低く、その状態が長く続いていたために、世間から労働条件が悪すぎると考えられ、教師希望者が減り、優秀な先生が逃げてしまう状態でした。そして、結果また、公立学校の教師の社会的評価が低くなるという悪循環が続いていたのです。

近年は過去の悪いイメージを払拭しようと、政府がかなり頑張っており、そのイメージ自体は次第に改善されつつあるようです。２０１８年に、「Education & Employers」が２万人の子どもを対象に調査を実施した結果は、女子の人気職業の第２位が教師で、男子も８番目に入っていました（https://www.bbc.com/japanese/features-and-analysis-42940954）。

一方、パブリック・スクールの教師はマスターと呼ばれ、社会での評価も高く、親からは絶大な信頼を得ており、オックス・ブリッジからも優秀な人材が集まってきます。給料が高額だから？　と思われるかもしれませんが、２０２４年度の教員の給与に関しては、それほど差があるわけではありません。公立教員の基本給は年間３万１６５０～６万ポンド、私立が３万５０００～６万３０００ポンドで、校長については公立学校長の方が基本給は高くなっています（公立：5万6316～14万7586ポンド、私立：4万7000～11万7210ポンド）[2]。

こういった情報を押さえた上で、第3章に入っていきましょう。

熱血なある教師の物語

映画では、イギリス南部の小さな町にある架空のパブリック・スクールが舞台になっています。学校の名前はブルックフィールド。16世紀のエリザベス朝時代にまで遡る歴史ある学校で、また、現実のザ・ナインと同じく首相から実業家まで数多くの名士を輩出している名門校として登場します。

主人公は、この学校のマスターである48歳のアーサー・チッピング（通称：チップス）先生。周りの人たちからは教育一筋の頑迷で退屈な人と思われており、生徒からも人気がなく、「頭でっかち」やら、「冷血人間」やら、「つまらぬ人」といったあだ名で呼ばれています。

そんな彼がある時、歳の離れた女優キャサリンと出会い、互いに惹かれて結婚します。すると煙たがられていたチップス先生も、キャサリンの影響を受けて生徒たちにゆっくりと心を開いていき、また、生徒たちもキャサリンを通して次第にチップス先生の誠実さと優しさを理解していくのでした。

結婚15年目になると、チップス先生に校長昇進の打診があり、彼もキャサリンもついに次期校長かと大いに期待するのですが、この時は彼が校長に選ばれることはありませんでした。キャサリンに校長の妻としての地位を与えたいと思っていたチップス先生にとって、この結果は大きな痛手でした。世事には恬淡《てんたん》寡欲《かよく》なチップス先生でしたが、校長という役職は彼にとって魅力的なものだったことが推察できます。

やがて第二次世界大戦が始まります。キャサリンは空軍慰問をしている時に敵軍の爆撃に遭うのですが、それは待ちに待ったチップス先生の校長就任が決まった日でもありました。校長就任の喜びをキャサリンとともに分かち合おうとした矢先、彼女は逝ってしまいます。授業中に悲報を耳にしたチップス先生。呆然としながらも授業に戻ると、机の上には生徒たちからの校長就任の祝辞の紙束が置かれているのでした。

チップス先生の態度

最初の頃は生徒から罵《ののし》られ、嫌われていたチップス先生。

彼は優れた授業を目指し、自らを律し、生徒への対応も非常に厳格です。とあるシーンでは、生徒たちの試験結果が悪かったために実施された補講時間と、一人の生徒の優勝をかけたテニスの試合時間がかぶってしまい、結局彼は試合に参加させてもらえず、大声でわめきちらす姿が描かれていました。パブリック・スクールでは、勉強以外にスポーツや音楽、課外活動（チェスといった文化活動でもOK）など何か一芸に秀でているとハウスや学校で表彰され、他の生徒や教師からも一目置かれるので、この生徒の怒りもとてもよく分かります……。彼は理事会を牛耳る人物の息子で、校長からもテニスの決勝戦に出させてやってくれ、と懇願されたチップス先生でしたが、彼は頑として断ります。

さらに第二次世界大戦中、ドイツ空軍が爆弾を落とすさなかも、チップス先生はラテン語の授業を続けます。爆音が響く中、ラテン語の詩を引用しつつ生徒を教えるチップス先生。しかし、妻キャサリンの死を知った彼は、耐え難い悲しみに襲われます。それでも、授業を

学 年		年 齢
下級学校 (Under School)	Fifth Form（9年生）	13〜14
	Lower Shell（10年生）	14〜15
	Upper Shell（11年生）	15〜16
上級学校 (Upper School)	Sixth Form（12年生）	16〜17
	Sixth Form（13年生）	17〜18

図表3-1　イギリス・ウェストミンスター校の学年分け

中断することもなく、ぶれることなく、生徒を正しい道へと導こうとするのでした。

もちろん、彼は生徒を思いやる心も持っています。映画では、まだ幼い入学したての1年生（図表3-1の下級学校9年生に相当）が駅前のベンチに座り、べそをかいているシーンがありました。新入生なので彼はまだ学校への道も覚えていません。さらに家族と離れた寂しさを埋めようと、彼はケージに入れたペットを抱えながら学校に行こうとしていたのでした。

チップス先生はそんな泣いている生徒に声をかけます。学校ではペットを飼うことは禁じられているけれども、自分も昔ペットを学校に連れてきたこと、また、学校の舎監に預ければ代わりにペットを飼ってくれることを彼に教えるのです。その後、チップス先生は優しく言葉をかけながら彼の荷物を持って一緒に学校に向かいます。チップス先生の生徒を温かく導く一面をうかがい知ることができるシーンです。

生徒たちは、マスターの信念や言動に日々接し、見聞きすることで、次第に心の中に尊敬の念が育っていきます。愛情深く、かつ信念を貫くチップス先生ものちのち生徒たちから慕われ、尊敬されていくのでした。

生徒への指導や接し方

それでは実際のパブリック・スクールのマスターは、生徒に対してどのように接しているのでしょうか。

現実のパブリック・スクールでも、授業を受ける生徒の態度に対する躾は厳しいものです。映画の中ではわめきちらす生徒が出てきましたが、現実のパブリック・スクールの授業では、そういった自制できない生徒は学校に来ること自体が許されず、停学あるいは退学となります。

イギリスでは、「マナー」は幼少期からとても厳しくしつけられています。例えば、親は公衆の場に幼い子どもを連れて行きませんし、連れて行かなければならない場合も、駄々をこねたり、泣き出す子どもには容赦なく叱りつけます。他人でも、その子どもを叱ることもままあります。なぜなら、そういった行動は社会でのマナー違反とされているからです。

また、学校でも私語は厳禁。授業だけではなく催し物がある時も、開始までは口を閉じて黙したまま事が始まるのを待つことが生徒に求められます。本番だけでなく練習時ですら、私語をすれば直ちに生徒たちはその場から退場させられ、グループからも除籍させられるということです。[3]

制服についても、「生徒は上着を脱いでもよい」という通知がない限り、酷暑の時でも上着着用です。どうしても上着を脱ぎたい場合は担当教員に申し出て、許可を得ないといけません。許可がなければワイシャツの袖をまくることもできません。ネクタイは常時着用で、ワイシャツも常に清潔にし、アイロンがけが必要です。もちろんシャツの裾もズボンに入れ、第一ボタンまできっちり留めていなくてはならないのです。これが「ＴＰＯ」[4]をわきまえたマナーで、学校の食堂の入口にはマスターが毎日交代で立ち、生徒たちがきちんと制服を着用しているかどうかがチェックされるのです。

他にも、マスターはスポーツの指導や課外活動の監督、ハウス運営の手伝い、生徒たちのテュートリアル（少数の学生に対して行う教授形態）をしないといけません。ただ、課外活動の監督は少し日本と流れが違います。例えば、マスターはハウスマスターや校長といった上からの命令によってクラブの監督にされることはありません。各部に所属する生徒たちがどのマスターに指導してもらいたいかを決め、部長がそのマスターに依頼状を送るのです。そして一旦マスターがその部を引き受けたとしても、指導が悪ければ、丁寧にマスターを解雇するという趣旨の手紙を、再度部長が送るということでした。[5]

他にも、マスターは教務部長や学内外の試合担当の主任や学科主任などを担当し、カリキュラム編成、教科の時間の増減、新しい教科の導入、といった問題についてマスター全員で話し合いもしています。その結果をもって、校長をトップに学校全体で議論しながら、学校を運営しているのです。

ハウスマスターとは

今までは、マスターについてお話ししてきましたが、ここからは、マスターの上位職であるハウスマスターについてお話ししていきましょう。

ハウスマスターになるためには豊富な経験と教育実績が必要で、教師として10年程度勤めたあと、副ハウスマスターとしてトレーニングを受けます。そして副ハウスマスターとして数年間トレーニングしたのち、校長の任命により晴れてハウスマスターになるのです。また、ハウスマスターに定年はなく、基本的に10年間は在職します。

ハウスマスターの有すべき資質とは何でしょうか？　それは仕事熱心で、生徒たちの生活について献身的であるということです。また、行動力と好奇心と柔軟性を持ち、ユーモアのセンスも必須です。と同時に、ハウスマスターは自分がなすべき仕事の重圧に耐えられるだけの精神力や生徒からの期待に応えられる知力、また両者を支える体力が必須となってきます。

体力？　と言われて驚かれる人もいるかもしれませんが、次のハウスマスターの仕事を知れば、なるほど！　と納得されることでしょう。

50人の生徒を監督

映画の中では、全寮制ハウスでの生徒たちの様子が描かれています。現実でも同じように全寮制をとっている学校が多数あり、現実のザ・ナインの各学校には、5つから多ければ25のハウスがあります。それぞれのハウスには、13歳から18歳まで5つの学年の生徒がそれぞれ10人程度、合計でおよそ50人が住んでいます。

そして、それぞれのハウスを束ねる立場にあるのが、ハウスマスターです。ハウスマスターには50人の生徒に対して、学業を教えたり、行動規範を示したり、マナーを教えたりしながら、それぞれの生徒の優れたところを伸ばすという大きな仕事が待っています。

一例を挙げましょう。ハロウ校のウェスト・エーカーの前ハウスマスターであったマーティン・スミスは、朝5時に起き、6時過ぎには全生徒の部屋を回ります。彼の1日は、生徒たちを起こすことから始まるのです。次に、午前8時10分から8時30分までがオフィス・アワーで、希望する生徒の相談にのっています。オフィス・アワーに限らず、ハウスマスターは必要時にはいつでも生徒と面談します。進路に必要な教科の選択から、卒業後の進路まで、内容は様々です。

もちろん、仕事はこれだけではありません。ハウスマスターとして重要な仕事は、ハウスに所属する生徒の日々の生活と活動を管理し、ハウス生の成果や到達度を毎日まとめていくことです。この作業は生徒の将来の進路に関わってきます。大学進学や就職に際して、推薦書を書かねばなりませんので。こういったもろもろの仕事を遂行するには時間がかかり、就寝時間は深夜遅くとなってしまうのです。

他にも、メイトロンやデイムと呼ばれる寮母を中心に、執事やチェンバーメイド（各生徒の部屋を整える人）やシェフが働きやすいようにハウスを仕切らなくてはなりません。子どもたちを心配する保護者への連絡や、ハウスに届く数多くの問い合わせへの対応といった仕事も彼を待っています。ハウスマスターは、単に命令や指揮権を発動していればよいわけではないのです。

また、ハウスマスターは管理職なので、授業を教える必要がないのかと思っていましたが、そうでもなさそうです。授業は、各教科担当のマスターが専門科目を教えるのですが、彼らはすべてのハウスの生徒を教える教員であって、各ハウスに常駐しているわけではありません。ハウスマスターもまた、ハウスの生徒たちに専門科目の授業を教えることになります。

ただハウスマスターとなると、授業だけに時間を割いてはいられませんので、通常行う授業数の3分の2程度を担当することになります。[6]

ハウスマスターの1日

それではハウスマスターの仕事を分かりやすく知るために、彼の1日を簡単にまとめてみましょう。左記は、イートン校のハウスマスターの1日です。[7]

7：00―起床
7：30―生徒との面談
8：15―授業の準備
8：40―礼拝式や学校集会
9：00―授業と研究時間（ハウスマスターも授業を行います）
11：20―教員会議（全教員が出席する会議＝チェンバーズ）

11：45―授業
13：15―昼食
13：45―個々の生徒との面談時間
14：45―スポーツの時間（ハウス対抗戦の審判を務めたり、生徒たちの活動を見回ります）
16：15―生徒とお茶の時間
16：40―午後の授業
18：00―生徒へのテュートリアル指導
19：30―夕食
20：15―ハウスミーティング。ハウスキャプテン（ハウスマスターを助ける上級生）、スポーツ担当キャプテン（スポーツに優れた生徒）との連絡会議も実施。また、この時間に生徒たちに、詩を朗読させたり、ピアノを披露させたりする。ハウスの生徒たちとの生活の中で、それぞれの生徒に自信と友愛を育てる
20：30―各生徒との面談時間
21：30―ハウス巡回。ここでも定期的に生徒と話をする時間を持つ。各生徒が学術面や課外活動の面で問題を抱えていないかを聞いて回る。プライベートな問題も話し合

う。巡回時には前回と比較して、各生徒が成長しているかも見極める。ハウスマスターは、こういった生徒訪問を週に少なくとも4回は行う。生徒が参加する劇やコンサート、クラブ活動の成果発表なども見学に行く（消灯チェックは、最上級監督生が実施）

22：30―すべての生徒が就寝しているかの見回り

ハウスマスターはこうした日々の生活の中で生徒の不安や問題の解消にも対応します。どんな事案があるのか、一例を紹介しましょう。ハロウ校のウェスト・エーカーは音楽に秀でた生徒たちが集まるハウスで、ハウス合唱対抗戦での優勝常連ハウスです。合唱や演劇はどのパブリック・スクールでも頻繁に行われており、映画の中でもチップス先生の妻キャサリンと生徒たちが、校長や全校生徒、父母を前にして、舞台の上で歌って踊って観衆を魅了し、拍手喝采を受けていましたね。

ある日、このウェスト・エーカーの合唱員の一人がラグビーの練習で負傷し、突然対抗戦に参加できなくなってしまったことがありました。落ち込む負傷した生徒と突然の参加要請にたじろぐ生徒。はたしてうまく歌えるのか不安な面持ちです。合唱団にも不協和音が響きます。

そこで、ハウスマスターは、空いている時間を見つけては落胆した生徒を励まし、急遽参加となった生徒には、そういったハプニングにも一切動じない合唱団のキャプテンと歌の練習をさせました。さらに、成果が徐々に出ていることをハウス全体で確認しながら、合唱団のメンバー全員に自信を抱かせる工夫もします。対抗戦に先立ちハウスの生徒たちの前で合唱を披露させたのです。仕上がりは上々で、対抗戦の結果もウェスト・エーカーが優勝し、優勝カップを勝ち取る結果となりました。

他にも、ある生徒が鬱《うつ》になり自殺の恐れがあるといった重大な問題が起きれば、まずハウス内で鬱の原因を探し出すために、ハウスマスターは生徒と話し合うだけではなく、その生徒の友人関係、授業態度や成績などを調べ、解決を試みます。それでも解決が難しいとなると、パストラル・ケア（第7章参照）担当のマスターにバトンタッチし、それでもうまくいかない場合には、学校全体で話し合うことになります。

こういった過程を経て、生徒とハウスマスターとの信頼関係が深まり、その結果ハウススピリットが高まり、ハウスが繁栄していくことになるのです。ハウスマスターが中心となってハウス全体の雰囲気を改善し、盛り上げていくことで、生徒たちの輪が広がり、生徒間の絆も強くなっていくようです。

ここで、イートン校のパーシー学科長の言葉を挙げておきましょう。

「『価値観』や『自信』『自立』といったものは、ここ（ハウスおよびイートン校）で身につけてほしいと思います。私たち教師が直接教えるわけではありませんが、仲間と一緒にいることで身につくのです。そしてそれは一度身につけたら、人生を歩む上での生きる指針になるのだと思います[8]」

入寮の決定権も持つ

ハウスマスターにはハウスの主導権を持ち、独自のハウスルールを決めることもできます。また、所属ハウスへの受験生を入寮させるかどうかの決定権も持っています。もちろん、ヘッドマスターの承認は必要なのですが、ハウスの責任はハウスマスターが一身に負うことになっているため、生徒を選ぶ最終判定はハウスマスターが行うのです。ハウスマスターが「この子が欲しい」となれば、その生徒の所属ハウスが決まったことを意味し、それと同時に、そのパブリック・スクールに入学することをも意味します。一方で、親も自分の子どもに適したハウスを選ぶため、ハウスマスターと面接することができます。ハウスマスターと親双方に選択権があるのです。

それでは、面接試験ではハウスマスターは受験生のどのような点をチェックするのでしょうか？　もちろん学業面も参考にしますが、それよりも入学後にその受験生がハウスでどれだけの活躍ができそうかが重視されます。

「ただ頭がいいだけではだめなんです。スポーツが得意だったり、音楽、演劇、その他いろんなことが得意な生徒を幅広く探しています。テストの点が極めて高い生徒でも、社会性がなく、寮生活が合わない生徒は受け入れないことが多々あります。ここに来る生徒は賢くなくてはいけませんが、ただＩＱが高いだけでは不十分で、学校生活に何らかの貢献ができる生徒でなければなりません」（イートン校のパーシー学科長の言葉）

ここで思い出す作品があります。遠藤達哉原作のアニメ『SPY × FAMILY』です。作中の凄腕スパイ〈黄昏《たそがれ》〉ことロイド・フォージャーの養女アーニャは、パブリック・スクールにとても合格できる成績ではなかったのですが、セシル寮に入ることになりました。なぜ入れたのか？　その理由は、親子面接の際にハウスマスターのヘンダーソンが、「この子は入れたい！」と強く思ったからでした。結果、なんとも強引な形でアーニャの入学が許可されましたね。

同じように、現実のパブリック・スクールでも、たとえテストの点があまり良くなくても、将来性が感じられ、ハウスを盛り立ててくれそうだとハウスマスターが確信したならば、その受験生が入学できる可能性は非常に高いのです。

ハウスマスターの役割

イギリスでは、子どもをパブリック・スクールに通わせようと思っている親が望むものは3つあります。1つ目が「優れた教育」、2つ目が「充実した課外活動」、そして、3つ目が、日本ではあまり考慮されていませんが、マナーを身につけるための「躾」です。これら3つを、学校が一丸となって実施していかねばなりません。

各ハウスマスターも、これら3つを中心にバランスのとれた生徒たちを育てることを目指します。そのために、まずハウスマスターはそれぞれの生徒に自らの長所と短所が何であるかを認識させます。その後、弱点を克服するための訓練と、長所を最も効果的に伸ばせるような練習を、ハウスで教えていくことになります。生徒の才能をゆっくりと5年間で育てていくことが重要で、しかもその重責を担っているのがハウスマスターなのです。ハウスマスターなくして、パブリック・スクールの教育理念を体現し、伝えていくことはできないといえましょう。

こうしてハウスマスターは、生徒と24時間ともに過ごすのですから、生徒と深い部分で関わりを持っていくのも当然のこと。ハウスマスターにとって、ハウスの生徒たち全員が自分の子どもたちなのです。映画の中でも、キャサリンが次のように言っていました。

チップス　:君に何も与えられなかった。子どもさえも。
キャサリン:いるじゃない。多くの子どもたちが、みんな男の子（学校の生徒たち）よ。

チップス先生はキャサリンとの間に子どもは恵まれませんでした。しかし、そんな彼に彼女は「子どもならたくさんいるわ」と、ブルックフィールドの生徒たちのことを語るのでした。

映画の最後の場面でも、理事会を牛耳っていた人物のひ孫が現れるのですが、彼がチップス先生に子どもがいるかと訊《たず》ねると、チップス先生は「いるよ。大勢……」と、答えます。彼にとって、ハウスの生徒たちは皆、彼の子どもであり、思い出の中に住み続ける限り、忘れ得ぬ家族なのです。

パブリック・スクールの校長とは

教師とハウスマスターについてお話ししてきましたが、それではパブリック・スクールの校長の役割とは一体どのようなものなのでしょうか。

生徒や、生徒を教える教師たち、そしてハウスをまとめるハウスマスター、そしてそれらすべてをひっくるめて統括するのが校長です。そうなりますと、校長の権限はどうしても強くならざるを得ません。パブリック・スクールでは、権威と権力と敬意を一身に集めているのが校長です。

また、教職員にとって校長の言葉は絶対で、校長の信任があればこそ、彼らは教職につけます。教職員の任免や、教科や教科書の選択、生徒の入退学、日常生活の細かなことまですべての最終決定は校長の責任によって行われ、校長と話し合ったあとも校長と意見が対立するのであれば教職員は自説を修正するか、その職を辞さなければなりません。

そんな強い権限を持つパブリック・スクールの校長は公募で募集され、理事会が選考します。となると、理事会は校長よりも大きな権限を持っているように感じられるでしょう。しかし、必ずしもそうとはいえません。確かに、校長として能力がないと判断された場合は理事会が校長を辞任させますが、校長が辞めさせられるのは「よほどの場合でなければ」なりません。理事会は理事会で毎年校長の評価をしており、辞めさせるにしても1年前に通知することが契約で決められています。

ザ・ナインの1つであるチャーターハウス校のプレミング校長（2013〜2017年在職）にインタビューをした当時（2015年）も、「本校の理事会はそれほど厳しくないですよ。リーグテーブル（イギリスの学校ランキング）の結果が悪くたって、ちゃんと理由を聞いてくれます」と語っていました。リーグテーブルでの各学校の国内順位は、学校の名声と受験生募集に大きな影響を与えます。ですので、リーグテーブルの結果が悪いことは、学校にとって一大事なのですが……。『チップス先生さようなら』では、理事長がチップス先生を追い出そうとしたり、校長になることを阻止したりしますが、実際のパブリック・スクールではそのような圧力はほとんどないということでした。

ちなみに、パブリック・スクールの校長の給料はというと、冒頭でも紹介した通り他の学校とあまり変わりません。むしろ低いくらいです。しかしながら、パブリック・スクールでは、他に無料の住居や食事など様々な手当がつきますので、皮膚感覚では優遇されていると感じられることでしょう。もちろん例外はあります。イートン校の校長（サイモン・ヘンダーソン）の２０２２～２０２３年度の給料は、約７３００万円（1ポンド＝１９８円）でした。

校長が学校を離れる時

ここまで、パブリック・スクールの校長には強い権限があることを紹介してきました。しかし、その権限も必ずしも絶対的なものではありません。というのも、２０１６年9月23日のデイリー・メイル（新聞）で、先述のプレミング校長辞任のニュースが流れたからです。デイリー・メイルによると、校長プレミング（54歳）の厳しい規律と横暴に対する非難が集まり、退職を求める運動が在学生とその親から起こりました（２０１５年9月23日のテレグラフ紙）。さらに、校長に反旗をひるがえした9人の教員と2人のハウスマスターが辞職したため、ついにプレミング校長も２０１７年にその職を退いたということでした。校長は希望すれば10年以上は続けられることもある中で、彼の任期は２０１３年からの４年間と、あまりに短いものでした。

通常校長がクビになるのは、モラルに反した場合や、理事会と方針が全く異なった場合、保護者の多数が我が子を他校に転校させた場合だということでしたが、プレミング校長はパワハラという形でモラル違反を犯してしまったのです。こうなりますと、いくら有力かつ有能な校長であったとしても、理事会は守ることができません。ここで「有能」というのは、現代において、単に教育者として優れているというだけではなく、生徒の奨学金の用意や、学校の施設を充実させるための資金集めができる力も含まれています。プレミング校長も、イートン校やセントポールズ校での教員経験だけではなく、銀行の機関投資家としての経験があり、学外からの資金集めの能力が高い人物でした。

この運動に対し、当時のバッキンガム大学の学長で、プレミングをよく知る著名な歴史家のアンソニー・セルドンは、彼を尊敬していると述べ、「学校はすべての機関同様に、変化を必要としており、学校には強いリーダーが必要です。特に長年変化を避けてきた学校を引き継ぎ、時代に即したものに迅速に変えるためには専制君主として振る舞うべきなのです」と、テレグラフ紙で語っていました（2015年9月24日）。

しかしながら、たとえ学校が新たなスタートを切るために大きな改革を断行する必要があったとしても、パワハラは許されるものではありません。校長は大きな権限は持っていても、独裁者であってはならないからです。

いつまでも応援してくれる存在

第3章では、パブリック・スクールの生徒たちを教えるマスター、寮のまとめ役のハウスマスター、そして学校のトップである校長（ヘッドマスター）に求められる資質や役割について考えてみました。

マスターは、教育、学問領域で大いに力を発揮しなければなりません。ハウスマスターになりますと、24時間ハウスで寝食をともにする生徒たち全員の面倒を見なければなりません。

そして、ヘッドマスターは、マスターをはじめ、各ハウス、ハウスマスター、そして学校全体を統括せねばなりません。本章で、それぞれマスターが自分の役割をこなしながら、学校の繁栄と生徒たちの成長を願う姿が伝わっていれば幸いです。

また、生徒目線で見ると、特にハウスマスターは印象深い存在のようです。寮生活においてハウスとは自分が所属する家であり、両親の代わりに面倒を見てくれる父親や母親のような存在がハウスマスターなのです。卒業後に同窓会をする場合も、同じハウスマスターのもとで生活をした卒業生同士が集まります。忠誠心は、ハウスでの学友とハウスマスターに向けられているのです。

映画ではチップス先生が校長を引退する時、「私の胸に宿った思い出がある限り私はいつまでも幸せで、君たち生徒と私との別れはないのです」と話していました。心の中に彼らが生きている限り、生徒たちとの別れが訪れることはありません。生徒との交流は、マスター、ハウスマスター、そしてヘッドマスターにとって一生の思い出となるのです。

小さな子どもというものは、無心で自分を守ってくれる人を探し求めます。大人だってそうです。しかし、必ずしもこの世の中は助けてくれる人ばかりではありません。そのような世の中で、少なくとも自分を守り、応援してくれる人たちがいるのだ、と感じられることは生きる上で心の支えとなります。その応援団の役割を果たしてくれるのが、学友であり、パブリック・スクールのマスターなのです。

1　ジェイムズ・ヒルトン『チップス先生、さようなら』白石朗訳、新潮社（２０１６年）。
2　Teacher pay and benefits | Get Into Teaching GOV.UK（education.gov.uk）（https://getintoteaching.education.gov.uk/life-as-a-teacher/pay-and-benefits/teacher-pay）より。*The Independent* によると、一部の私立学校の校長の収入は２０２１年には30万ポンドを超えたという（https://www.independent.co.uk/news/education/education-news/private-school-teacher-brain-drain-pay-b1813623.html）
3　松原直美『英国名門校の流儀』新潮新書（２０１９年）１６７〜１６８頁。
4　和製英語で Time（時間）、Place（場所）、Occasion（場面）という3つの単語の頭文字をつないだもの。
5　松原直美『英国名門校の流儀』新潮新書（２０１９年）。

6　Harrow School, *Harrow - A Very British School*, 2013（DVD）

7　アダム・ニコルソン、エリック・アンダーソン『イートン』髙月壮平監訳、国際教育センター（2014年）14〜16頁。

8　2017年、イギリス・イートン校の校長室で取材した時の記録から。

第4章

パブリック・スクールとジェントルマン

『キングスマン』に学ぶ
ノブリス・オブリージュの精神

ジェントルマンを知って、イギリスを知る

マシュー・ヴォーン監督の映画「キングスマン」シリーズは、マーク・ミラーとデイヴ・ギボンズ作のコミック『キングスマン：ザ・シークレット・サービス』をもとに作られた作品です。

「キングスマン」（本来の発音はおそらくキング「ズ」マン）の表の顔はスーツの仕立屋ですが、その裏側は、あらゆる政府機関に属さず、世界平和のために活動するスパイ組織です。第1作では、そんな組織の加入試験をひょんなことから受けることになった青年エグジーの物語になっています。

なぜパブリック・スクールに関係のなさそうな本作品を取り上げたのだろうか。そうお考えの人もいるかもしれません。本章で「キングスマン」シリーズを取り上げたのは、もちろんド派手なアクションを紹介するためではありません。シリーズを観ることで、イギリスの「ジェントルマン像」と、そのジェントルマンを育てている「パブリック・スクールの教育」が理解しやすくなるのではなかろうか、と考えたからです。

タイトル	**キングスマン**
制作年	2014年
監督	マシュー・ヴォーン
脚本	ジェーン・ゴールドマン マシュー・ヴォーン
制作会社	Twentieth Century Fox Film Corporation Marv Films TSG Entertainment
配給	KADOKAWA
原作	*Kingsman: The Secret Service* Mark Millar, Dave Gibbons

階級社会の産物ともいえるジェントルマン。それでいて現代においても人間の1つの理想型として存在し続けるジェントルマン。このジェントルマンと階級社会について考えることは、イギリス人の考え方を知る良い機会ともなることでしょう。マシュー・ヴォーン監督自身、イギリスに根強く残る階級社会の文化を風刺しながら、真っ向からその階級社会に対峙《たいじ》しようとしたということですから、ジェントルマンを分析するには最適な映画といえましょう。

ちなみに、そもそもイギリスは今なお階級社会なのか、と疑問をお持ちの方もいるかもしれません。もしそれを知りたいと思われたなら、ロンドンにある「ホワイトチャペル[1]」と「ベルグレーヴィア[2]」に足を運んでみてください。肌感覚で階級社会の一端を感じ取ることができるでしょう。

始まりのアーサー王伝説

では、ここからは「キングスマン」シリーズをもとに、パブリック・スクールとジェントルマンについて見ていこうと思うのですが、その前にジェントルマンとは一体どのような人々のことを指すのか整理していきましょう。

もともと形容詞のgentleとは「高貴な生まれ、高い社会的地位の家系に属する、高い社会的身分を持つ、特に貴族階級に属する」[3]という意味で、ラテン語の「Gens（ゲンス）と呼ばれる家柄の人たち」を指しました。ゆえに、そこから生まれたジェントルマンとは、「伝統的に高い社会的地位に関連づけられている特徴を持つ男性」[4]たちのことでした。しかしながら、ジェントルマンといっても時代によってその中身は異なります。

ジェントルマンの歴史を紐解くと、古くは12世紀の『ブリタニア列王史』の中で記されたアーサー王と彼の従者たちによって、初期のイギリスのジェントルマン像が形作られました。その行動規範は、騎士道精神とキリスト教の教えが密接に絡み合ったものです。

当時のキリスト教に裏打ちされた騎士道精神から生まれたジェントルマンは、「博愛、忠誠、正義、尊敬、気高さ、勇気、善行、名誉」を重んじなければなりませんでした。そしてジェントルマンはそれらを併せ持ちながら、武勇だけではなく、礼儀正しく、誠実で、慈悲深く、寛容さを持つことが求められたのでした。映画『キングスマン』の中のエージェントたちも、勇敢で、臆病さを微塵《みじん》も見せてはならず、婦人や子どもには礼儀正しく、仲間には忠実であり、死に際してはひるむことなく立ち向かう騎士道型ジェントルマンシップが求められています。[5]

例えば、『キングスマン：ファースト・エージェント』では、イギリス貴族であるオックスフォード公が、妻の形見である大切な一人息子コンラッドを第一次世界大戦で失ってしまいますが、その原因は、コンラッドがジェントルマンであり、かつ騎士道精神を示したからでした。コンラッドは軍の中では指揮官クラスですから、部下に命ずる立場にあります。しかし、彼は自ら部下の身代わりとなるため、一兵卒と偽って戦地に赴き、結果として命を落としたのでした。

コンラッドは国に対し「忠誠」を尽くし、支配階級にある者として「勇敢」に戦に臨み、「正義や善行」を示し、「気高く」生きることで、被支配階級からは「尊敬」の念と社会からは「名誉」を得なければならないと考えていました。彼は騎士道精神を備えたジェントルマンであり、ノブリス・オブリージュ（貴族の責務）を果たそうとしたのです。このノブリス・オブリージュについては、のちほど詳しく説明しましょう。

前述したジェントルマンの一種の行動規範を示したとされるアーサー王伝説ですが、アーサー王が実在したかどうかは今もって謎です。というよりほぼフィクションだと考えられています。しかし、アーサー王と円卓の騎士伝説は、その残像をイギリス社会に色濃く残していることも事実です。例えば、アートの領域では、19世紀のラファエル前派によって描かれた絵画の多くが、アーサー王伝説をモチーフにしており、現代21世紀の芸術にまで大きな影響を与えています。

実際、「キングスマン」シリーズもその影響を受けています。というのも、映画に出てくるエージェントのコードネームは「アーサー」「ガラハッド」「ランスロット」といったキャメロット城に集うアーサー王と彼の従者たちの名前が使われています。つまり、キングスマンのエージェントは、現代社会や世界を救うために造り出された新時代の騎士なのです。

コリン・ファース演ずるハリー・ハートのコードネームはガラハッド。「ガラハッド」とはアーサー王伝説の中では最も武勇に長《た》けたランスロットの息子で、キリスト教信者はもとより、信者でなくとも誰もが必死になって追い求めた、イエス・キリストが最後の晩餐で使った「聖杯」を探し出した英雄です。ガラハッドは、「最高の騎士」と呼ばれ、様々な苦役の末に聖杯を見つけるのですが、見つけ出すとすぐに亡き主イエス・キリストのもとへと旅立つのでした。

貴族以外のジェントルマン

その後、中世末期から近代初頭にかけて成立した社会階層の中で、ジェントルマンは支配者層を指すようになりました。16世紀のジェントルマンは、「地代収入による豪奢な生活や政治活動を行う教養ある有閑階級」であり、元来、公、侯、伯、子、男という爵位を有する貴族と、貴族と同じく紋章の使用を認可されていたジェントリ層から成り立っていました（平凡社世界大百科事典〈第2版〉）。『キングスマン：ファースト・エージェント』の主人公であるオックスフォード公もジェントルマンとして登場します。貴族階級であることは一目で分かるようなキャラクターになっていました。彼は広大な屋敷と、執事を筆頭に、従僕、馭《ぎょ》者《しゃ》、馬丁、料理人、門番、家政婦、子守り、メイドを使用人として抱え、貴族の証である家紋を持っていました。

一方、のちの19世紀の初頭には、貴族とジェントリに加えて「イギリス国教会聖職者、法廷弁護士、裁判官、高級官吏、陸海軍士官、オックスフォード・ブリッジやパブリック・スクールの教員、内科医などもその中に含まれ」ており、[6] こういった職種には、数多くの家督を継げない二男以下の男性たちが、大学教育や専門教育を受けて就いていたということです。

ジェントリ層は中世末期の封建領主層で、身分としては平民ではありますが、貴族の下の階級となります。このジェントリ層がどのように構成されていたのかというと、爵位のない二男以下の地主階級と、次の新たな地主階級で構成されていました。

イギリスでは土地所有は王や貴族に限定されておらず、土地の売買は一般庶民にも拓かれていました。そのため王や貴族がお金に困って土地を切り売りし始めると、富裕な商人やヨーマン（自営農民）がその土地を買い取って、新しい地主階級が貴族の下に形成されたのです。この地主階級がジェントリ層です。そして、今述べた貴族とジェントリ層から成り立っていたのがジェントルマンでした。つまり、この時代が意味するジェントルマンとは、貴族とジェントリに代表される人々で、宗教的価値観を維持する騎士道精神に裏打ちされた、代々継承されてきた貴族階級のたしなみと品位と、それとは別の価値観から生まれた世俗的精神が渾然一体化したものでした。

イギリス独自のジェントルマン像

しかし、イギリスの支配階層が、14世紀に始まったイタリアのヒューマニズムや古典的教養、フランス流の洗練さや優雅さを見聞するようになると、教養の有無が、ジェントルマンかどうかの判断基準となっていきます。剣を片手に甲冑《かっちゅう》を身にまとった騎士は勇猛果敢ではありますが、教養不足が露呈し、尊敬の対象ではなくなっていくのです。その後、騎士道精神が廃れていきますと、騎士道に代わる新たな規範の確立が求められるようになりました。その新たな規範の土台になったのが、イタリアから始まったヒューマニズムの思想でした。

16世紀にはエラスムス[7]や彼の友人トマス・モア[8]といったヒューマニストたちが社会を席巻し、中世的思想とは決別がなされました。このヒューマニズムに大きな影響を与えたイギリス人の一人が、オックスフォード大学で教鞭を執っていたジョン・コレットです。彼は大陸の精神、特に人文主義の代表格であったエラスムスに強く影響を与え、エラスムスの協力のもとにザ・ナインの1つであるセントポールズ校を創設したのでした。

その後、エラスムスの著作物がイートン校の教科書としても正式採用されることになり、その影響を受けてほとんどのパブリック・スクールで、彼の本が教科書として使われていくことになります。ここにおいて、キリスト教の根本精神たる隣人愛を基盤とするヒューマニストとしてのジェントルマンの育成が始まっていくのです。また、宗教改革により教育への教会支配が弱まり、パブリック・スクールの聖職者養成機関としての役割もなりをひそめていったことも、独自の教育を展開する上でパブリック・スクールにとっては追い風となりました。

その後、時を経て18世紀になると、イギリス人も一大帝国を作り上げたという自負から、もはやフランス、イタリアから学ぶものはなし、と考えるようになっていきます。「ヨーロッパの貴族に学べ!」という姿勢から、「イギリス独自のジェントルマン像を作ろう!」に変わっていくのです。そしてイギリス独自の紳士像を作り上げるために大きな役割を果たしたのが、パブリック・スクールだったのでした。

「教育を通して」誕生するジェントルマンへ

話は遡りますが、古くは、知識や技能を教えるための特別な施設（学校）や人間（教師）などは必要だとは考えられていませんでした。人間が生きていくために必要とされた知識や技能は、親や近親者から受け継ぐものだったから[9]です。しかし、近代社会への移行が始まり次第に学校教育が生まれていきます。

イートン校の設立は1440年ですが、近代化を引っ張ってきた、世襲的な身分社会であったイギリスの上流階級においては、19世紀初頭においても、「教育は、本来個人単位で成り立つものだという教育観と、教養としての教育を必要とするのは支配的地位を占める者たちに限られるという社会観[10]」から、個別指導、つまり家庭教師による家庭での教育が主流でした。

ただ、家庭教師[11]を雇うためにはかなりの費用がかかり、また家庭教師として優秀な人材を見つけることも容易なことではありませんでした。また、次第に社会も複雑化、高度化し、学ぶべき事柄もますます多くなっていました。その結果、知識や教養を身につけるための私的な教育機関としてパブリック・スクールが成立していくことになったのです。

このパブリック・スクールの教育を、貴族の二男や三男が受けることになります。その理由は、長男は家庭での教育を受け、家督を継ぎますが、貴族の二男や三男は家督を継げないものですから、パブリック・スクールからオックス・ブリッジ、そして国政へというルートに乗って、政治家や軍人、法律家、学者、大英帝国の植民地行政官として社会に出て、生計を立てようと考えるようになったためです。そして、19世紀ヴィクトリア朝では、跡継ぎを除く男子はウィンチェスター校やイートン校、ラグビー校、ハロウ校といった伝統校に送り出されるようになりました。

こうして、淑女からは見向きもされず、陽の目を見ることもなかった貴族の子息たちもパブリック・スクールでの教育によってようやく社会で活躍の場を与えられることになったわけです。要するに、パブリック・スクールの教育と成功への道が結びつき、「生まれで決まった」ジェントルマンから、「教育を通して」のジェントルマンが輩出されていったのです。そういったジェントルマンを生み出す機関となったのがパブリック・スクールでした。19世紀イギリス首相のほとんどがイートン校の卒業生であったことからも、パブリック・スクールがイギリス支配階級の優れた訓練機関として機能していたことがよく分かります。[12]

パブリック・スクールが、従来のジェントルマンとは異なる「新たなジェントルマン」を生み出し、新たな社会的アイデンティティを確立していったのです。

誰もがジェントルマンになれる

ジェントルマンの理想は有徳で教養ある人間でしたが、教養とは本来上流階級のものであり、教養人（a man of culture や cultivated man）とは礼儀正しく、十分な教育を受け、学問や芸術に詳しく、品格も高い人々のことでした。しかし、大英帝国の進展とともに、家柄や出自に関係なく、教育によりジェントルマンが生まれることになりました。

主人公ハリーは、映画の中で幾度となく「礼節が人を作る（Manners Makyth Man）」という言葉を口にします。そして、彼の教え子ともいうべき下層階級のエグジーも、マナーを身につけ、教育を受けることでジェントルマンへと転身していきます。

エグジーは、とある理由で働き手であった父を亡くしてチャブ（Chav）となり、乱暴者の男と付き合いだす母親には失望して、物語の最初では犯罪や麻薬に手を染めていました。

チャブとは長期失業家庭出身の若者たちのことです。その彼にハリーは非凡な才能を見出し、新たな諜報部員の候補生としてスカウトをするのでした。

自らの不幸を、置かれた環境や境遇のせいにしてきたエグジーでしたが、不良グループに暴言を浴びせられたハリーが、「礼節が人を作る」と一言発するや否や華麗な戦闘であっという間に不良グループを撃退してしまう姿を目の当たりにし、彼の気持ちも大きく変化していきます。ハリーの身のこなし、優雅さ、品格、そして知性はエグジーの心を動かし、彼は諜報部員になろうとを決意するのでした。そして、教育と躾によってジェントルマンに育っていくのです。そこに出自は関係ありません。教育によってのみジェントルマンが生まれたのでした。

ちなみに、この「礼節が人を作る」という言葉、意外に社会でも知られており、歴史を辿ってみると、1382年に創設されたザ・ナイン最古のパブリック・スクールであるウィンチェスター校（図表4‐1）のモットーでもあります。また、ウィンチェスター校の進学先に決められていたオックスフォード大学のニュー・カレッジ（1379年創設）のモットーでもあるのです。

見た目も大事な要素

ここまでは、ジェントルマンの変遷を紹介してきました。次はもう少し具体的にジェントルマンについて深掘りしていきましょう。まずは服装です。ジェントルマンらしい装いとは一体どんなものなのでしょうか。

騎士は鎧《よろい》を身にまとうことでジェントルマンであることを示しました。他方、『キングスマン』ではハリーが「スーツは現代の紳士がまとう鎧だ」とエグジーに語りかけます。そして、その言葉通り、彼は寸分の乱れもなく鎧の代わりにスーツを着こなし、エレガントさとマナーで身を包み、剣に代わるこうもり傘をかざしながら、激し

図表4-1　ウィンチェスター校

いアクションを披露します。

21世紀の現代、自らがジェントルマンであることを示すものが、テイラーメイドのスーツなのです。他にも靴や傘、メガネ、時計、ペン、ライター、シグネットリングといった衣装や装飾品が、社会の中でのステータスやアイデンティティを示す重要な役割を果たしています。ジェントルマンであることは、決まった行動規範、礼節、教育だけでなく、身に着けるものによっても実証されていくのです。

ハリーのジェントルマンとしての代表的な一着は、ミッドグレーのピンストライプのクラシックな英国スタイルのダブルスーツです。全体の容姿はスリムフィットの6ボタン2つ掛けスタイル。細身のパンツで、シャツは白、ネクタイはレジメンタルタイで、白のポケットチーフをのぞかせます。

また、「キングスマン」の本部は、ロンドンのサヴィル・ロウにあるテイラーという設定です。「背広」の語源ともなったサヴィル・ロウは、実際、格式高い紳士服のテイラーリング・ハウスがずらりと並んでいます。現在でもロイヤルファミリーや富裕層がスーツを作るために訪れます。そして、そのサヴィル・ロウにある高級店で「ビスポーク・スーツ」、つまりはオーダーメイドのスーツを身に着ける人間はジェントルマンであると目されていました。

アガサ・クリスティーの小説を映像化した「名探偵ポアロ」シリーズの「誘拐された総理大臣」の回でも、最初と最後のシーンでビスポーク・スーツは大変印象的に描かれていました。ポアロが仕立屋に行き、老いた店主の仕立屋が、ポアロの体型をメジャーで測りながらスーツを誂《あつら》えていくシーンです。ジェントルマンは、身を守る現代風武具をかくのごとく作っていくのだ、ということを感じさせる場面となっています。

ちなみに、パブリック・スクールの生徒の多くが進学するオックスフォード大学では、フォーマル・ディナーや試験の際には、アカデミックガウンの下にサブファクスを着用しなければなりません。その正装にマッチした靴がオックスフォード靴と呼ばれるもので、17世紀半ばにオックスフォード大学の学生が履き始めたことがその名前の由来です。『キングスマン』でも「Oxfords, not brogues（ブローグじゃない、オックスフォードだ）」という合言葉がありました。ブローグとは穴飾りのついた靴のことです。

ノブリス・オブリージュの精神

最後に、ジェントルマンを、ジェントルマンたらしめている資質についてお話ししておきましょう。ノブリス・オブリージュです。これは、フランス語の「Noblesse（貴族）」と「Obliger（義務を負わせる）」を合成した言葉です。また、一言付け加えておきますと、不労所得を得る有閑階級であったからこそ、ノブリス・オブリージュ（貴族の義務）として、貴族は無給で国会議員や地方議員の職に就き、国家のために働き、政治を動かすこともできました。

ノブリス・オブリージュを果たしたところで、彼らはそれに伴う評価や栄誉、褒賞などは求めません。ボランティアで、また、純粋な自己目的として行うことが重要です。もともとノブリス・オブリージュとは、上流階級の貴族が常に胸に留める自負の言葉であって、庶民が口にすることはなかったのですが、パブリック・スクールでの教育が浸透し、社会に広く伝わっていきました。

ノブリス・オブリージュは「貴族や上流階級などの財産・権力・地位を持つ者は、それ相応の社会的責任や義務を負う」という意味で、様々な作品でその意を汲《く》んだ表現が見つかります。例えば、２００２年の映画『スパイダーマン』の中では、主人公ピーター・パーカーの伯父ベン・パーカーが「大いなる力には、大いなる責任が伴う」と語り、映画のキャッチコピーになったことでも有名です。開高健の「位高ければ、務め多し」もまたそうです。『キングスマン：ファースト・エージェント』では、最初のシーンでノブリス・オブリージュの精神性が垣間見えます。母エミリーが息子コンラッドに「裕福な人は、民の見本にならなければ」ならず、「自分のことだけを考えるのではなく、人を救わなければならない」と教え諭すシーンです。これがノブリス・オブリージュの基本精神となります。

日本の作品にもノブリス・オブリージュの精神性が色濃く映されたシーンがあります。最近の作品でいうと、『鬼滅の刃：無限列車編』の中の煉獄杏寿郎《れんごくきょうじゅろう》への母親・瑠火《るか》からの言葉です。彼女は劇中で次のように語ります。

「なぜ自分が人よりも強く生まれたのか分かりますか？（中略）弱き人を助けるためです。生まれついて人よりも多くの才に恵まれた者は、その力を世のため、人のために使わねばなりません。天から賜りし力で人を傷つけること、私服を肥やすことは許されません」

こうしたノブリス・オブリージュの精神が根づいていたために、国家に危急存亡の事態が

図表4-2　第一次世界大戦やボーア戦争で亡くなったハロウ校の生徒墓碑

生ずれば、上に立つ者は我が身の危険を顧みず、先頭に立って解決にあたるのが当然だという考えがイギリス社会には浸透していました。映画でも、コンラッドは母との約束を守り、第一次世界大戦に参戦後最前線で闘います。そして、そこで命を落とすのです。コンラッドの死は、母から学んだノブリス・オブリージュの精神を遵守したがために生じた死ともいえます。彼は死から逃れることよりもノブリス・オブリージュを選んだのです。

こうしたことは現実にも起こっています。イートン校の正面入口の壁面には、イギリスが関わった戦争でノブリス・オブリージュを実践し、亡くなった１１５７名のイートン校出身者の名前が刻まれているのです。

戦争が起これば率先して最前線で戦ったパブリック・スクールの生徒たち（図表４-２）。

第一次世界大戦において、上流階級の戦死者の数は庶民のそれをはるかに超えるものでした。彼らの死に心を痛めた当時のイートン校のハウスマスター、ヒュー・マクノートンは、第一次世界大戦終戦直後に水死していますが、彼は自らの手で育ててきた青年たちを失ったことを嘆き、自殺したものであろうと伝えられています。[13]

ノブリス・オブリージュを育てる場

それではパブリック・スクールでは今でもノブリス・オブリージュの精神を育てようとしているのでしょうか？　仮に育てようとしているならば、どのようにその精神を育てているのでしょうか？

例えばハロウ校のモットーは「Donorum Dei Dispensatio Fidelis (the faithful stewardship of the gifts of God)」、日本語にすると、「才能への真摯なる執事たれ」です。ハロウ校のホーキンズ元校長は、「我々は（天から与えられた）才能の忠実な執事でなければならないことを意味しているのだ」と語っていますが、このモットーの根本にあるものは、

「ハロウ校のような優れた学校で学ぶことができる者は、たまたまこの学校に巡り合って、その恩恵を授かっているだけなのだ、ということをしっかり認識した上で、学校で受けた恩恵は社会に還元していかなければならないですよ」、ということではなかろうかと考えます。謙虚な姿勢でノブリス・オブリージュを果たしましょう、と促しているように思えるのです。

そして、ノブリス・オブリージュの精神を育てるために利用しているのが、ボランティア活動です。ほとんどのパブリック・スクールでボランティア活動が盛んで、毎週実施しています。生徒が街に出てチャリティーショップ、例えばオックスファム（貧困を撲滅することを目的に活動する組織）や心臓病支援基金の店といった場所に出向き、ボランティアで働いています。

他にも、老人ホームを訪問して楽器を演奏したり、地元の老人をショッピングに連れて行ったり、障害のある子が通う学校で彼らと一緒に活動したり等々、地域の人々への貢献のための活動は実に多様です。こういった活動を学校は奨励し、支援していますが、生徒自身も誇りに感じており、最初は恥ずかしがっていた生徒も、上級生になるとごく自然に振る舞うことができるようになっていくそうです。これは、現代に息づくジェントルマン教育であり、ノブリス・オブリージュの精神の育成に学校全体で関わっているといえましょう。

ジェントルマン教育については、ラグビー校（図表４‐３）のハンプトン元副校長が次のように語ってくれました。パブリック・スクールのジェントルマンを育てるための教育指針や方向性がよく分かります。

「ジェントルマンシップで重要なことは、他人を第一に考えることだと思っています。他人が何を必要としているかに気づき、共感する気持ちを身につけることが大切です。

また、何が正しく、何が悪いことかを理解すること、すなわち正しい道徳観を育てることにも力を入れています。生徒たちにはノブリス・オブリージュを持つことも、あからさまにではありませんが、期待しているのです[14]」

パブリック・スクールは、生徒たちにジェントルマンシップを育てるための教育を実践しながら、彼らの内面にノブリス・オブリージュが育つことを

図表４‐３　ラグビー校

期待しているようです。

長い歴史が培った理想の人物像

中世以降、イギリス人男性にとっては、ジェントルマンと呼ばれることが人生の1つの目標であり、名誉であり、誇りであり続けてきました。ジェントルマンだと世に認められることは、非常に大きな社会的成功を手に入れたことを意味するのです。というのも、家柄も財産も大事には違いありませんが、人格に関わる一定の条件が満たされなければ、イギリスで尊敬されることは難しくもありました。そんな中、「ジェントルマン」とは、それらの条件を満たしていたのです。ジェントルマンへのあくなき憧れを知りたければ、ディケンズの代表作『大いなる遺産』を読んでみてください。

ジェントルマンという概念は身分・能力・人格すべての統合された理想的指導者像を表しており、そういった人物をイギリスではジェントルマンと呼んで自分たちの指導者のあるべき姿だと考えてきたのでした。イギリス社会が何世紀かをかけて選び抜いてきた、人の上に立つ者の資質、その総体こそがジェントルマンなのです。そして、そういったジェントルマンを生み出すことができる組織の1つがパブリック・スクールでした。パブリック・スクールにおいて、良識に対する鋭い感性や、審美的・文学的・学問的鑑賞の仕方、ボランティア精神、そしてスポーツマンシップが叩きこまれるのです。

1　労働者階級の地区で切り裂きジャック事件も起こった場所。

2　大使館、高級ホテル、バッキンガム宮殿に近い高級住宅地。

3　Oxford English Dictionary（2021 年改訂版）（https://www.oed.com/dictionary/gentle_adj?tl=true）

4　Oxford English Dictionary（2021 年改訂版）（https://www.oed.com/search/dictionary/?scope=Entries&q=gentleman）

5　ジェントルマンについては、次の書籍を参考にしている。マーク・ジルアード『騎士道とジェントルマン：ヴィクトリア朝社会精神史』高宮利行・不破有理訳、三省堂（1986年）。村岡健次編『ジェントルマン・その周辺とイギリス近代』ミネルヴァ書房（1987年）。『ガウェイン卿と緑の騎士』菊池清明訳、春風社（２０１７年）。織田元子『ステッキと山高帽：ジェントルマン崇拝のイギリス』勁草書房（１９９９年）。

6 村岡健次「サッカーとラグビー：フットボールの発達史」、川北稔編『「非労働時間」の生活史』リブロポート（１９８７年）１３２頁。

7 『痴愚神礼讃』(Encomium Moriae, 1511)、『キリスト教的君主教育論』(Institutio Principis Christiani, 1516)。

8 『ユートピア』(De Optimo Statu Rei Publicae deque Nova Insula Utopia)

9 市川昭午『学校総論』教育開発研究所（２０２４）33頁。

10 市川昭午（２０２４）33頁。

11 男性は tutor、女性は governess と呼んだ。この言葉からも分かるように、オックスフォード大学の指導方法であるテュートリアルは、家庭教師が実施してきた個別指導を意味する tutor に由来している。

12 アダム・ニコルソン、エリック・アンダーソン『イートン』高月壮平監訳、国際教育センター（２０１４年）。

13 アダム・ニコルソン、エリック・アンダーソン『イートン』高月壮平監訳、国際教育センター（２０１４年）56頁。

14 ２０１７年、ラグビー校の副校長室で取材した時の記録から。

第5章

パブリック・スクールと公立学校

『ヒストリーボーイズ』に学ぶ
イギリスの教育制度

イギリスの〝共通テスト〟

アラン・ベネット原作の『ヒストリーボーイズ』は2006年に初めてイギリスで上映されました。映画は17、18歳の男子生徒たちと彼らを取り巻く教師との考え方の違いから生じる意見の対立や反発、そしてそこから生まれる一種の温かい師弟間の友情を描いた魅力ある作品です。

もともと本作品は2004年にニコラス・ハイトナーの演出で、イギリス国立ロイヤル・シアターにて上演された舞台作品です。これが、連日大入り満員でイギリス演劇界の最高峰であるローレンス・オリヴィエ賞も受賞したものですから、その人気を携えて映画化されました。

その後、アメリカのブロードウェイにも進出し、演劇部門でトニー賞最優秀作品賞を含む6部門を受賞しました。非常に評判高い作品で海外でのファンも多く、日本でも2014年にはデイキン役に松坂桃李、アーウィン役に中村倫也で上演され、コロナ禍後の2022年と2024年にも別の配役で再演されています。

タイトル　ヒストリーボーイズ
制作年　2006年
監督　ニコラス・ハイトナー
脚本　アラン・ベネット
制作会社　Fox Searchlight Pictures
DNA Films
BBC TWO Films
配給　フォックス・サーチライト・ピクチャーズ
原作　*The History Boys*
Alan Bennett

時は1983年、舞台はイングランド北部のヨークシャーにある架空の公立中等学校[1]（日本の中学校と高等学校に相当）、カトラーズ・グラマー・スクールです。最上級生の8人の男子生徒が、名門オックスフォード大学への入試準備期間中に、学校や教師や自らの生き方に対して真っ向から対峙する中で、精神的に成長していく過程が描かれています。

「グラマー・スクール」は、「進学校」と本章では思ってもらえれば大丈夫です。その名は、あらゆる学問の基礎とされたギリシャ語やラテン語の文法（グラマー）を教える学校であったことからきています。ザ・ナインと呼ばれているパブリック・スクールも、もともとはラテン語を教えるグラマー・スクールとして設立されました。

イギリスの教育制度については、のちほど詳しく説明しますが、日本と違って出席日数や単位、学校の成績をクリアすれば卒業できるシステムではありません。卒業試験である全国統一試験（ＧＣＥ／Ａレベル試験）[2]を受験し、その結果によって学業の成果が評価されます。そしてその試験結果が、社会に出る時（あるいは出たあとも）や大学進学、就職、転職などに影響を与える資格として重要な意味を持ってくるのです。

イギリスでは、それぞれの大学によって入学のための合格要件も異なっています。ただ、大学進学のために必ず必要なものがあります。それが、「ＧＣＥ／Ａレベル」試験の成績です。中身はかなり異なりますが、日本でいえば共通テストに一番近いでしょうか。

本試験の結果が希望大学の選考基準をクリアしていると、希望大学の二次試験を受験することができます。二次試験では各大学が独自に実施する筆記試験や面接試験があり、その結果いかんで、希望大学に入学できるかどうかが決まるのです。

一方、私立学校も抜け穴を見つけようと、多くの学校では２００８年からは政府の認可を得て、ほとんど規制されていないPre-U試験（通常は私立学校の教師が作問し、採点する）を利用し、Ａレベル試験を避けてきたのでした。[3]

舞台は公立進学校

映画の中の男子生徒たちもオックスフォード大学への進学を目指し、必死に勉強していました。映画の最初の印象的な場面が、一人の生徒が地元の教会で熱心に神に祈っているシーンです。実はその日は学校で、大学進学を左右するＡレベルの試験結果が発表される日だったのです。つまりはオックスフォード大学の二次試験に進めるかどうかが決まる日でした。オックスフォードに進学することができれば、その先は望めば安泰な生活ができるので、この日は彼らの一生を大きく左右する日でもあったといえましょう。日本の難関大学に入学しようとする生徒が、ドキドキしながら共通テストの判定を待つような状況だったのです。

大学に入学するためにはＡレベル試験で少なくとも３教科を受けなくてはならず、試験結果は各教科で上からＡ、Ｂ、Ｃとランクづけられます。もしもオックス・ブリッジへの進学を考えるならば、現実においても３教科で少なくともＡが２つ、残る１つもＢ以上が必要です。Ｃではほぼだめで、もちろん３教科オールＡなら安心です。

映画では、生徒８人全員の試験結果がオックス・ブリッジ合格レベルで、一人だけＡ１つ、

B2つでしたが、生徒も教員も大喜びでした。そうなると、次はオックスフォード大学の二次試験、面接に向けての準備です。試験まではあと3カ月。生徒8人にとって卒業までの残された時間は面接試験の準備のために使うことになります。本作品ではこういった時期の生徒たちの学校生活が中心となって描かれているのです。

本作品と第2章で取り上げた『いまを生きる』を比較すると、内容はともに進学校の生徒と教師の心の交流を描いた作品ですが、次の点では大きく異なっています。前者は「公立進学校の通学制で、中流・非富裕層」の生徒たちを、後者は「パブリック・スクール（私立進学校）の全寮制で、上流・富裕層」の生徒たちを扱った映画である点です。

そこで本章では、公立の進学校であるグラマー・スクールと私立の進学校であるパブリック・スクールの根本的な違いがなぜ生じるのか、そして、そこで学ぶ家庭環境の異なる生徒たちの考え方の違いについて探っていきましょう。

背景にサッチャー保守党政権時代

ざっくりと紹介すると、本作品では、詩や文学に造詣が深く、男子生徒から慕われているヘクター先生と、オックスフォード・ブリッジを信奉するアーウィン先生、そしてこの２人の教師を取り巻く８人の生徒たちとの知的・精神的交流の日々が描かれています。

このヘクター先生をリチャード・グリフィスが演じているのですが、彼は映画「ハリー・ポッター」シリーズのハリーの伯父さん、バーノン・ダーズリーを演じている俳優です。皆さん気づかれたでしょうか。次に観る時があれば、ぜひ注目してみてください。

本作品は前提知識なしで観ても、十分に面白いヒューマンドラマです。ただ、当時の時代背景やイギリスの教育システムを頭に入れておくと、より本作品を深く知ることができます。そこで、この作品の背景となる情報を整理しておきましょう。

まずは時代です。この時代、つまりはサッチャー保守党政権時代（１９７９〜90年）、政府は「小さな政府」を標榜し、福祉事業や社会保障を次々と縮小していきました。サッチャーはヒース内閣（１９７０〜74年）では教育科学大臣を務めていました。当時から彼女の推進する政策は国民に情け容赦のないもので、中でも大きく新聞に取り上げられたのが、教育関連予算削減のための学校牛乳無償配給の廃止です。これを機に、彼女は「ミルク泥棒(Margaret Thatcher, Milk Snatcher)」と揶揄《やゆ》されることになったのです。

この政策後、彼女は首相になると教育の中でも特に特権階級を生み出してきた大学の教育予算を大幅にカットし、オックスフォード大学からは授与された名誉博士号を剥奪されることになりました。特権階級への敵視ともいえる数々の政策は、彼女が中産下層出身であったことと関連しているのかもしれません。

また、国有化されていた「鉄道、炭坑、電気、鉄鋼」と、国民の社会生活に直結した「電信・電話、社会保険、医療」を民営化し、互いに自由競争させることで価格を下げようともしました。しかし一向に経済は回復せず、競争だけが激化し、さらには労働者の解雇や賃金カットが続いたことで、中下層の生活困窮につながってしまいます。そのため1980年代に入ると急速にサッチャーの人気は凋落《ちょうらく》していったのでした。

義務教育

イギリスの教育制度は、社会情勢や時代の政策によって次々と変化していきます。イギリス人は伝統を重んじる国民ともいえますが、現状に即していないと分かると、すぐに最適なものを選択しようとする合理主義の国でもあります。吉田がいうところの、「推論によって得た結果を現実の経験に即して修正する」（吉田健一『英国の文学』〈第7刷〉岩波文庫、２０２１年、１４９頁）ところにも、イギリス人の合理性が表れているようです。しかしながら、改正しようとする意気込みは立派だと思いますが、次世代の人にすれば、あれ、もう変わったの？　という思いがすることもたびたびです。

実際、19世紀末にようやく公教育制度が確立されると、次々に教育改革が実施されました。例えば、離学年齢も10歳から11歳になり、次に13歳になり、１９４４年の法律では15歳になります。そしてようやく１９７２年以降からは義務教育年齢は満５歳から16歳にまで延長されたと思ったとたん、２０００年代に入ると現代社会に適合するように16歳から18歳の若者は教育を受けるか、見習い訓練に従事するか、あるいはパートタイムで、教育か訓練かのどちらかを受けながら働いたり、ボランティアをすることが義務づけられることになったのです。11歳から18歳の間、子どもたちは中等教育を受けます。中等教育とは日本の中学および高校教育にあたります。当時の学校は2種類で、1つは公立学校（日本でいうと国立学校に近い）、もう1つは私立学校です。公立学校は国から補助があり、大半の公立学校では生徒は無償で教育を受けることができます。しかし、国の管理下に置かれます。一方、国から補助を受けない私立学校は、国からのコントロールを受けません。

中等教育が始まる年齢に関しても、公立学校と私立学校とでは異なり、公立学校では11歳で、パブリック・スクールの大半は13歳で、中等学校に入学します。初等学校から中等学校への接続時点で、すでに公立学校と私立学校間で年齢差があることは大きな特徴といえましょう。

グラマー・スクールのはじまり

映画では、公立学校の中のグラマー・スクールが舞台です。そこで、グラマー・スクールの立ち位置を知るために、まず、実際の公立学校のグラマー・スクールについてお話ししていきます。

19世紀末に公立中等学校の基盤となるハイアー・グレイド・スクールが作られました。この学校が１９０２年にイギリス教育史上初の公立中等学校となり、法規上初めて「中等学校（セカンダリー・スクール）」という名称が使われることになりました。ここにおいて、グラマー・スクールは２つのタイプに分類されることになります。公立のハイアー・グレイド・スクールが進化したグラマー・スクールと私立の基金立グラマー・スクールです。パブリック・スクールは、寄附による基金によって設立されたグラマー・スクールで、基金立グラマー・スクールと呼ばれるグループに属しているのですが、小規模なグラマー・スクールと一線を画して、パブリック・スクールと呼ばれるようになりました。[4]

三分岐制度

現在では、グラマー・スクールを含む６種類以上の学校が存在していますが、20世紀後半まではイギリスの公立学校は大きく3つに分類されていました。

グラマー・スクール　：大学進学を目指す生徒のための科目が中心
テクニカル・スクール：技術教育関連科目が中心
モダン・スクール　　：一般教養などの科目が中心

公立の中等学校に進むためには11歳時に試験を受けなければならず、試験結果の上位15〜20%がグラマー・スクールに、中位10%未満がテクニカル・スクールに、下位70%以上がモダン・スクールに進学しました。

もともとイギリスの名門大学へは、パブリック・スクールに通うことができる富裕層の子どもたちが進学していましたが、政府は予算を補填し、公立学校の進学校としてグラマー・スクールを作り、優秀な生徒たちを名門大学に行かせようとしたのでした。

一方、モダン・スクールは政府からの教育費の配分も常にあと回しで、施設・設備、教員の質もしばしば社会問題とされてきました。生徒たちも、11歳時に受けた試験の敗北感を時には引きずりながら、劣った教育環境で義務教育を終えなければなりません。大学進学のための資格試験の受験は認められていましたが、カリキュラムがそれに対応していないので大半の生徒は義務教育期間終了と同時に学校を去っていったのでした。

教育の公平性を目指した改革

三分岐制度では生徒が11歳の時に選別され、進むべき道が決まってしまいます。子どもたちにはたまったものではありません。11歳を過ぎて伸びる子どもたちは一体どうすればよいのでしょうか？　社会から排除されてしまう子どもたちは？　親たちは悩みました。

当時の労働党内閣（１９７４～79年）は、11歳というあまりに早い年齢で将来の進路が決まってしまう制度を危惧し、11歳での試験による三分岐制度を１９６０年代半ばに廃止することになります。この改革は、学業優秀な少数の生徒を選別することで社会的格差を助長し、社会で階層を生み出す温床になっているといった批判や、標準化されたテストでは取り残されてしまう子どもたちを守るべきだといった批判への対応策でもありました。結果、政府は一部地域ではグラマー・スクールを残すものの、その他すべての公立中等学校を5年制の総合制中等学校（コンプリヘンシブ・スクール）に変更するといった大がかりな改革を断行したのでした。

コンプリヘンシブ・スクールとは、地域のすべての子どもが選抜を経ないで自由に入学できる中等学校のことで、教育内容としては三分岐システムのグラマー、テクニカル、モダンすべての要素を併せ持つ学校と考えられています。

最終的に１９７６年には76％の生徒が公立のコンプリヘンシブ・スクールで学ぶことになりました。現在では、90％の生徒が在学しており、包括的な教育モデルといわれる一方で、有名大学進学には不向きな学校とみなされ、資産や地位を有する家庭の子女はコンプリヘンシブ・スクールを避けて私学に流れていくようです。結果、政府は教育の平等、公平性、機会均等を掲げながらも、その後、労働党から保守党政府に政権交代すると、優秀な生徒を確保するためにグラマー・スクールへの回帰が起こるのでした。

突き出された2つの選択肢

労働党の改革による三分岐制度の廃止は、公立のグラマー・スクールにも大きな影響を与え、１つの選択が迫られました。政府の予算を受けずに独立採算で、政府の管理も受けない私立学校となるか、あるいは政府の予算を受け、また、政府からの管理も受ける公立学校として存在し続けるかの選択です。

前者は私立で有料の「独立グラマー・スクール」として、生徒からはパブリック・スクールと同程度の授業料を徴収することになります。後者は公立のまま無料の「グラマー・スクール」となり、生徒からは授業料を徴収しません。こうしてグラマー・スクール間で学校や生徒に使える予算の差が生ずることになりました。

予算の差は、例えば、教員数や教科数、課外活動の幅広さや質に表れます。私立のグラマー・スクールは、スポーツや芸術に力を入れ、様々なクラブや同好会を設けており、押しなべて課外活動が充実しています。予算が潤沢にとれますので、整備された施設やスポーツグラウンド、プロの指導者を引っ張ってくることもできます。課外活動の１つ１つに担当の教員が顧問として就いていることを考えると、教員数の差も明らか。パブリック・スクールと同レベルの環境を生徒に提供することができるのです。一方、公立の無料の「グラマー・スクール」では、それだけの教育環境を作ることはかなり難しくなります。

『ヒストリーボーイズ』では、政府から補助金が出ている公立の「グラマー・スクール」の生徒たちを描いています。つまり、追加で1人の教員を雇うことさえ予算が厳しい学校です。彼ら8人の家庭は富裕層からはほど遠い家庭環境にあり、限られた原資により用意された学校の中で大学を目指して学んでいるのです。

2024年のイギリスの総選挙で勝利を収めた労働党の党首スターマー氏の父親は工具職人、母親は看護師で、自らを労働者階級出身者であると自称していました。彼も公立のグラマー・スクール出身で（ライゲイト・グラマー・スクール）、卒業後リーズ大学に進学し、オックスフォード大学大学院を経て法廷弁護士に。グラマー・スクール出身ではあるものの、労働者階級出身であったため、労働党党首に相応《ふさわ》しいとみなされていました。

イギリスのこうした事情を踏まえて、『ヒストリーボーイズ』を思い出してみてください。グラマー・スクールの生徒ながら、8人全員がオックスフォード大学に合格したという偉業と、その中の一人はオックスフォード大学でも最も有名なカレッジへの進学を拒否するという一般には考えられない選択を行ったこと。こういったことがイギリス社会でどれだけの重さを持っているのか、またどういう意味を持つのか。映画とはいいながらも、皆さんにもその一端を感じていただけたら嬉しいです。

どの親もこぞって我が子をオックス・ブリッジに進学させようと頭を悩ませている時に、正反対の行動を取るグラマー・スクールの生徒の行動は、必死になってレベルの高い中等学校がある地域に引っ越そうとする現代のイギリスの親たちにとっては考えられないことなのでした。

パブリック・スクールを選択する理由

それでは、なぜ、親たちはパブリック・スクールを選択するのでしょうか？

この問いに対する答えを探していきましょう。

イギリスの公立中等学校では検定教科書などなく、生徒たちに教科書の支給もありません。各学校が、国が定めた全国統一カリキュラム（ナショナルカリキュラム）に沿った教員独自のプリントやデジタル教材を使用します。作成された教材の内容は、それぞれの教員の能力次第で良くも悪くもなり、生徒の達成度も大きく左右されることになります。また、学校独自の共通のテキストがあったところで、原則教科書は備え付けで、個人の持ち物ではないので、授業で使ったあとは学校で保管することになります。つまり、生徒に支給されてはいないため学外に持ち出せず、自宅学習が困難になるのです。

また、地域格差から生ずる学校格差もあって、教育に熱心な家庭は孟母三遷《もうぼさんせん》のごとく、レベルの高い学校がある地域に引っ越そうとします。しかし、有名校のある地域は学校を求めて転居する家庭も多く、住居の確保は困難かつ家賃も高騰していきますし、学校も定員オーバーになりがちで、入学を拒絶されることが多くなっているのが現状です。

教科の学びは優れた教員次第

先生の能力次第で生徒たちの伸びも変わると述べましたが、学校では教師が生徒に与える影響は極めて大きく、教師の人格や技量によって授業の展開や進み方に大きな差が出てくる

ことも　しばしばです。そのため、優秀な教師が配備されているかどうかが学校選択の鍵となります。

過去イギリス社会では、公立学校の教師は尊敬の対象ではなく、社会的地位も高くなく、給料の安さもあったため、優秀な人材は他の業界、特にビジネスや金融関係に進んでしまう傾向にありました。公立学校の生徒たちは優れた先生に恵まれず、教師からカリキュラムレベルの知識は得られたとしても、義務教育の範囲を超えた教養を学ぶことは難しくなっていました。

一方、パブリック・スクールには潤沢な資源があり、優秀な教師が集まりやすく、生徒は多くの優れた教員から教養や深い知識を学ぶことができます。特にオックスフォード・ブリッジに進学するためにはオックスフォード・ブリッジに入学できた教員の存在が重要でした。オックスフォード・ブリッジ進学には、古典や教養教育の素養が不可欠だったからです。第一次世界大戦後までオックスフォード・ブリッジへの入学要件には、二つの古典語、つまりラテン語とギリシャ語が必要でしたので、古典語を教える機会が少ないグラマー・スクールからオックスフォード・ブリッジへの進学は、とても難しかったのです。

現在のザ・ナインでも校長の言によると、そこで教える教員たちは専門分野に関しては大学でも教えられるレベルだそうです。そういった教員がパブリック・スクールの生徒たちを教えており、また、過去においても教えていたのでした。

映画の中でヘクター先生が目指した教育は、本来のパブリック・スクールで教えられている教養教育の一環で、結果的にはオックス・ブリッジで学ぶ上で必要な素養を身につけるための教育だったのです。ただ、残念ながら現実にはヘクター先生クラスの教師が公立のグラマー・スクールには少なかったといえましょう。

それでは、公立学校の生徒たちがいかにして幅広い教養を学ぶのかというと、自ら書物を通して学ぶのです。映画では、授業のベルが鳴り終わるやいなや図書館までダッシュし、選んだ本から必死になって知識を詰め込む生徒たちの姿がありました。

一方、パブリック・スクールは蔵書にあふれた図書館や多種多様な課外活動、少人数教育（おおよそ教師1人に対して公立学校は17人、パブリック・スクールでは9人の生徒）、さらに寄宿制学校ゆえに夜間や土日でも教科の予習・復習、課外活動の機会が多くなり、必然的に多くの教員も配備されます。こういった恵まれた環境がパブリック・スクールには用意されていたのでした。もちろん、すべての私立学校で素晴らしい教育環境が用意されているのかというと、そういうわけではなかったのですが……。

そんな中、20世紀末からこの教育現状を改善すべく、多様な政策がとられました。例えば、教育水準を上げ、どの公立学校でも生徒が同レベルの学力を達成できるように、サッチャー政権当時の１９８８年には、全国共通のナショナルカリキュラムと全国共通学力テストが導入されました。また、教える教員の能力がバラバラであると、生徒の学力レベルの凹凸も大きくなります。そこで教員養成のあり方が見直され、１９８４年に設立された教師教育認定委員会により、教員養成課程の認定制度が導入されることになります。

教員の給与も１９９８年と２００５年で比べると、初任給が約１・３倍、平均給与が就学前・初等教育教員で約１・４倍、中等教育教員で約１・３倍増加しています[5]。

生徒の家庭環境の違い

イギリスでは卒業式といったものはなく、義務教育修了年齢である16歳に達すると、大学に進学しない若者は、適宜学期末に離学していく慣習があり、資格も持たずに卒業する若者が大半でした。これは制度だけではなく、階級文化も大いに影響しています。社会階層から生まれた格差というものは、階級ごとの文化的あるいは精神的特性を育てていくからです。優秀な子どもであっても労働者階級に生まれれば、大学に進学することなど親も子も思い描けないこともあったのです。

映画の生徒たちも、金銭的に余裕のない生活を送っています。2人の生徒は夏休みには本屋の店番やミルク配達といったアルバイトをしていました。我が子を私立のパブリック・スクールに通わせたい親たちは大勢いるのですが、いかんせん、1年間の授業料だけで500万円もかかるような学校に通わせられる余裕のある家庭は少ないのです。そこで大学進学のために公立のグラマー・スクールに我が子を通わせたのでした。

彼らにとって公立のグラマー・スクールは学費を払うことなく、ある程度質の高い教育を提供してくれるので、能力的に優秀であれば進学でき、頑張れば有名大学も夢ではないのです。当時、パブリック・スクールからオックスブリッジを第1エリート層養成コースとすれば、グラマー・スクールからオックスブリッジは第2エリート層養成コースと考えられていたのでした。

一方、パブリック・スクール進学者の大半は家庭環境に恵まれており、ヨーロッパでの休暇はもちろんのこと、家庭でも古典文学や歴史書といった書籍に囲まれ、「自分たちの子どもいずれ社会の上に立つ人間になるのは当たり前」といった両親から日々影響を受けながら育ちます。特権を持つ父親を間近に見たり、接したりしながら、父のように生きたい、とも考えるようになるのです。

インタビューを受けてくれたハロウ校のアレックス君の話に耳を傾けてみましょう。ギャップ・イヤーの期間（パブリック・スクール卒業から大学入学前まで）に、彼はブリティッシュ・エアウェイズのファーストクラスで来日しました。どうやらお父さんをとても尊敬しているようで、常々「父親のようになりたい」と言っていました。そして、その言葉通りにハロウ校からケンブリッジ大学の数学科に進学し、現在は親の会社を継いでいます。パブリック・スクールに入学した時点で、アレックス君の進むべき道筋ははっきりと見えていたのです。彼の人生は、家庭からもたらされる文化的優位性に導かれた生き方ともいえましょう。

オックスフォード大学とは

映画の中の8人の生徒たちは、必死でオックスフォード大学の入学を目指していました。

図表5-1　オックスフォード大学
©university.college.oxford

それでは彼らが目指したオックスフォード大学とは一体どのような大学なのでしょう?

オックスフォード大学（図表5-1）は、財政面で多額の寄附金寄贈者を募り、チャンセラー[6]（総長）を大学のトップに据え、国家に必要な聖職者、教会法学者、学者や行政官を世に送り出す機関として12世紀に誕生しました。国王や教皇、司教からのコントロールは多少ありましたが、広範な自治権を持っていました。そして、オックスフォードの街は交通の要所でしたから人の往来が多く、国内外の優れた学者が集まり教鞭をとっていて、それら学者とその教えを請う学徒たちが、今日のオックスフォード大学の原型を作ったのです。[7]

12世紀にできたオックスフォード大学からおよそ１００年後に分かれてできたのがケンブ

リッジ大学です。ロンドン大学が誕生するまでのおよそ６００年間、オックス・ブリッジを除いてイギリスには大学は存在せず、両者の中でも特にオックスフォード大学は、のちに続くイギリスの大学のモデルとなり続けたのでした。

どんな生徒が通っていたかというと、例えば１８３５年から１８６０年までのオックスフォード大学の学生たちは、全員が地主や聖職者、上流階級[8]の子息であり、１９００年当時も80%以上がジェントルマンたらんとする、エリートとみなされていた若者たちで占められていました。ここで「階級」とは、社会的出自、資産、職業、学歴等の条件により形成された社会集団のことを指しており、また、この時代の「エリート」とは、人々を統率し、自らを律する能力や博愛精神を持ち、健全なスポーツや運動を愛好する態度を持つ人々のことを意味します。学業面においても、伝統的な教養科目、ギリシャ語やラテン語、古典文学、純粋科学を中心とした教養教育を体得することが目的となっていました。

なぜオックス・ブリッジへ？

映画の中では、生徒たちが入学に向けて頑張る一方で、カトラーズ校の校長も8人の生徒たちを懸命にオックスフォード大学に進学させようとしていました。なぜ校長はそこまで熱心にオックスフォードへの進学を望んでいたのでしょうか。

映画では、その理由が現実の状況を反映して、しっかりと描かれています。そこでここからは映画のシーンを参考に、校長や教師の立場、保護者たちの立場、生徒たちの立場から、オックスフォード大学に進学する意味を整理してみましょう。

校長や教師の目的

映画の舞台となっている架空の学校カトラーズ・グラマー・スクールでは、極めて優秀な生徒が8人も集まるという初の出来事が起こり、校長は彼ら全員をオックス・ブリッジに入学させたいと考えています。グラマー・スクールに入るには試験結果で上位に入らねばならなかったので、他の生徒ももちろん優秀ではあったのですが、その中でもオックス・ブリッジを狙えるほど優れていたのがこの8人だったのです。

なぜ校長たちは彼らをオックス・ブリッジに入学させようとしたのか。それは、学校の名声を高め、将来さらに数多くの優秀な生徒を集めたいと考えていたからです。

校長は、カトラーズ校が同じグラマー・スクールの名門校であるマンチェスター校（この学校は私立のグラマー・スクールで実在します）と同レベルの優秀校になってほしいと願っていました。しかし、自身の出身校である地方大学のハル大学（こちらも実在）ならば、生徒は根を詰めて勉強しなくても入学できますが、オックス・ブリッジとなると、二次試験を通過するために高いレベルの筆記試験や面接対策が必要になってきます。

こうして、何としても彼らを志望校であるオックスフォード大学に進学させるべく、校長が思いついたことは、体育の授業時間数を減らし、「総合科目」の時間を増やすことでした。増やした時間はオックス・ブリッジ面接対策に充て、さらには若い優秀な教師まで引っ張ってきたのです。その教師がアーウィン先生でした。彼はオックスフォード大学のジーザス・カレッジ出身の新任教師です。

アーウィンは、オックス・ブリッジに入学するためには、皆と同じことをやっていてもだめだと言います。人と違うことを書いたり、話したりしなければならない、と生徒たちに教えるのです。すべての知識や格言、暗記した引用文、何でも題材として使え、と教え込むアーウィン。彼の影響を受け、演劇の授業で学んだ演技テクニックも入試に合格するために使おうと生徒たちは考え出します。彼らはより実践的な小手先の試験対策を求めるようになっていったのでした。

保護者の目的

イギリスは4つの地域から成り立っています。北から、北アイルランド、スコットランド、イングランドそしてウェールズです。その中でも昔からイングランドの肥沃な土地にあるロンドンが、イギリスの中心と考えられてきました。一方、作品の舞台となっているスコットランドに近いヨークは、当時は中流下層の人々が住むところでした。

映画に出てくる8人の生徒の親たちも決して裕福ではなく、息子たちをお金のかかるパブリック・スクールなどに入れてやることはできません。子どもたちは通える範囲での教育を受けるだけでした。しかし8人の親たちは、子どもたちを義務教育修了直後に働かせるという選択ではなく、大学進学のためのグラマー・スクールに通わせたのでした。

時代背景でもお伝えしたように、サッチャー政権下の当時、人々は苦しい生活を強いられていました。そんな社会で生きることを想像してみてください。そんな中、一般の人々がオックス・ブリッジという学歴を携えて上に行くことができる時代も到来していました。20世紀中頃以降のことです。富裕層以外の一般の人々が、サッチャーのようにエリートとしてトップ層に上りつめることができるようになったのです。

つまり、親たちはこれから社会に出る子どもたちには少しでも良いスタートラインに立ってもらいたい、という思いが強く、そのスタートを切るための重要な場所がオックス・ブリッジだったのでした。親たちはオックス・ブリッジを卒業すれば、子どもたちには明るい未来が約束されるに違いない、と期待したのです。

ちなみに映画の中で、ヨークはさびれた街に映るかもしれませんが、街は観光客も多く、ヨーク大聖堂もある歴史ある街です。皆さん、ワットの蒸気機関車を知っていますか？　英国発祥の鉄道で、ヨークには世界最大規模の鉄道博物館もあります。一度は訪れるべき価値ある街といえましょう。

生徒の目的

パブリック・スクールの生徒であれば、多くはまず社会で成功することに主眼を置きますが、映画の中の生徒たちは、社会で成功したいと考える若者だけではなく、やりたいことをし、好きな道に進みたいと考えている者、オックス・ブリッジに行くことに懐疑的な者も混在していました。

一方で、映画の中の生徒の一人であるポズナーは、自らがユダヤ人であること、学友のデイキンに恋するゲイであること、そして、ロンドンから離れた地方出身者であることという、当時のイギリス社会では生きづらい条件を併せ持った状況にあることを自覚していました。だからこそ、彼はオックスフォードに入れば新たな世界が拓け、デイキンも自分のことを見直し、好きになってくれるのでは、と期待したのです。結果としてポズナーは、8人中最高の成績で奨学金を獲得し、オックスフォード大学に進学するのでした。

また、この映画では冷ややかな目で社会や人生を眺める若者が描かれていることも忘れてはいけません。映画では受験した生徒8人全員がオックスフォード大学に合格します。ただ、その中の一人ラッジは、好きなことをやりたいから進学しないと学校に表明します。彼は、オックスフォード大学の39あるカレッジの中でも名門のクライストチャーチ・カレッジに合格していました。しかし、オックスフォード大学の受験は親の希望に沿っただけだと公言し、自分の道は自分で決める、と宣言するのでした。

オックスフォード大学のクライストチャーチ・カレッジは、現存するカレッジで、全カレッジの中でも最も有名かつ、最大規模かつ、最も裕福なカレッジであり、昔は貴族階級の子弟が行くことで有名なカレッジでもありました。『不思議の国のアリス』の著者であるルイス・キャロルもこのカレッジ出身です。

ヘクター先生の教え

合格のメソッドを教えるアーウィン先生の存在とともに、ヘクター先生も忘れてはなりません。彼もまた8人の生徒に慕われており、生徒たちは「ヘクター先生の男の子たち」とまで呼ばれていました。彼は英文学や英詩に造詣が深く、生徒たちと文学や詩の世界に身を投じ、感性によってそれらを論じようとします。一方で、カトラーズ校の校長からは大学入試には役に立たない無能者呼ばわりされ、早期退職を強いられている人物でもありました。生徒たちもアーウィンのように要領よく面接で点数を稼ぎたいと考え始める始末です。

そんなある日、ヘクターはポズナーに有名なイギリス人作家トマス・ハーディーの「鼓手ホッジ（Drummer Hodge）」という詩を暗唱させます。この詩は太鼓を叩きながら兵を鼓舞する幼さの残る少年兵のホッジが、戦争によって故郷から遠く離れた地で一人死んでいく姿を描いた詩です。名もなき兵が、母国から遠い戦地で、誰に讃えられることもなく、埋葬されることもなく、丘の上で死んでいく。しかし、南の地は彼の死を価値あるものとして受け入れ、彼は自然の一部となり永遠に存続する、といった詩です。

彼はポズナーに「本を読む喜びは、価値ある思想やモノの見方に触れることだ」と語ります。特に「自分自身にとって特別な価値観に」触れる時に喜びは生まれるのだ、と語りかけるのです。人間が生きる上で重要なものは何なのか？　名声？　名誉？　金？　そのどれでもなく、生きる糧とは精神的豊かさなのだとヘクターは生徒に示そうとするのでした。

覚えていますでしょうか。第2章で紹介した映画『いまを生きる』のキーティングは「医学、法律、経営学、工学は生きるために必要だ。でも、詩や美、恋は、私たちの生きる糧であり、生きる理由なんだ」と、生徒に語りかけていましたね。同じように、ヘクターから学んでいく8人の生徒たちも、詩や美や恋には「心と魂との闘い」があることを学び、そして、その闘いの中で、己を知り、その過程を経て、自らの心を解き放つ方法を学んでいくのでした。

大学進学のために必死になって受験対策をやっているカトラーズ校でしたが、その受験対策から外れているようなヘクター先生の教えこそが、取りも直さずパブリック・スクールの授業の本質でもあったのです。オックスフォード大学への進学に一番遠いと考えられていた授業が、実は、最もオックスフォードへの入学者を輩出している学校で大事にされていた授業と同じだったのでした。

社会におけるパブリック・スクール出身者

１９８０年代においてもパブリック・スクールへの道は狭き門で、合格率は13歳で当該年齢層の７％に過ぎませんでした。しかし、その少数のパブリック・スクール出身者が社会の要職を占めていたのです。これはパブリック・スクールが、オックス・ブリッジに進学するための準備機関であったこととも深く関係しています。大学進学希望者はパブリック・スクールで学びながら、オックス・ブリッジで学べるレベルにまで引き上げられます。つまり、オックス・ブリッジの教育は、パブリック・スクールで実施されていた教育の延長線上にあるものだと考えられていました。

近年の調査によっても、やはりパブリック・スクール出身者の活躍が目立っています。彼らが社会の要職にどの程度就いているかについては次のような調査結果が出ています。

２００９年のサットン・トラストの調査によると、全国にたった７％程度しかいないパブリック・スクールの卒業生が、上級医師の51％、法廷弁護士の68％、メディア関係者に関しては54％を占めていることが分かりました。２０１４年の「社会移動及び児童貧困委員会」

の調査においても、上級裁判官の10人に７人、軍隊将校の10人に６人、上級外交官、編集長やコラムニストといったメディアエリートたちの半数以上がパブリック・スクール出身者であることが分かっています。他に２０１４年のサットン・トラストの調査によると、高額所得者の60％はパブリック・スクールの出身者であることが明らかになっています。

同様に、名門大学の約25％、歴代オリンピックチームの約40％もパブリック・スクール出身者が占めており、最上位の裁判官の相当数も、イートン校やハロウ校の出身者となっているのです。確かに、イギリス首相もパブリック・スクール出身者が多数を占めていました。

なぜこのようなことが起こるのか。その理由の１つは、パブリック・スクール出身者の方が社会的影響力を持つ大学に行っているからだ、といえるのではないでしょうか。世界的に名声のある大学をパブリック・スクール出身者が占めることが良いかどうかは議論の余地がありますが、数値が表す事実からはパブリック・スクールの教育が、大学進学やその後の社会においても大きな影響を与え続けていることがお分かりになるでしょう。だからこそ、カトラーズ校も、その校長も、その教師たちも、生徒たちもオックスフォード大学への進学を目指したのでした。

グラマー・スクール出身者の力強い生き方

古くはイギリスで、学校は社会における人々が属する階層を自他ともに明らかにするものとして使われてきました。つまり、教育の目的は人々がより良い生活を送るための機会を提供するというよりも、自らの立ち位置を教え、確認するためのものであったといえます。

人々はまず、ヴィクトリア朝の代表的政治家であるディズレーリのいうところの2つの国民（富める者と貧しい者）に分けられ、次に3つの階級（上流、中流、下層）が教育によって明らかにされます。支配階級になるのが当然と考えていた上流階級にとって、教育の重要性はここにあったのです。

パブリック・スクールとオックスフォード・ブリッジは上流階級、グラマー・スクールは中流階級、費用のかからない初等教育や教区学校は下層の者が行く学校といったふうに、それぞれの階級ごとに学校は分けられると同時に、その間には越えられない溝がありました。例えば、パブリック・スクールでは、司教であったウィカムが1382年に初めて上流階級の子弟を対象としたウィンチェスター校を設立し、本校の卒業生の進学先として、オックスフォード大学・ニュー・カレッジと連合しました。ここにおいて、複線化していた中等教育と高等教育を接続する1つの道筋がつけられたのです。しかし、初等学校は、はなから学業には結びついておらず、中等学校とすら連続していなかったのです。

ここで注目したい映画の登場人物たちがいます。中流階級を代表するグラマー・スクール出身のティムスとラッジです。ティムスはオックスフォード大学に進み、最終的にはクリーニング・チェーンの社長になります。ラッジは大学に進学せず、建設業者になりました。上流階級出身者ならば選ばない職を、彼らは選択したことになります。

では、そんな二人は、その道を選んだことを残念に思っていたでしょうか?

いいえ、ラストシーンを見る限り、そんなことは全くないでしょう。

階級による社会的分断はイギリス社会で長らく続き、現在も残っているといえますが、イギリス社会の根深い社会構造に翻弄されながらも、それぞれの道を歩んだ男の子たちの姿は、観ている私たちに人間の力強さを伝えてくれています。ラッジのごとく、オックスフォード大学から合格通知が来ているのに、「いいえ、僕は他にやりたいことがあるから、行きません」と言える人間がどれほどいるでしょうか。

映画の中の弁舌さわやかな女性教師のリントット先生は、オックスフォード大学を目指した「ヘクター先生の男の子たち」の未来の姿を観客に教えてくれます。リーダー格のデイキンは弁護士に、最も成績優秀だったポズナーは学校の教師に、アクタルは公立学校の校長に、クラウザーは裁判官に、ティムスは大型クリーニング店の社長に、ロックウッドはヨーク・ランカスター連隊の中尉となるものの被弾して28歳で死亡、ラッジは建設業者に、そしてスクリプスは高級紙のジャーナリストになるのでした。

現在のオックスフォード大学

それでは、現在のオックスフォード大学はどのようになっているのでしょうか？

２０２２年度のオックスフォード大学入学者のうち公立学校出身者の占める割合は、68・1％と半数を上回り、２０２１年度も68・２％でした。過去、30から40％を占めていたパブリック・スクールの生徒が、２０１０年代から次第に減少してきているのです。

オックスフォード大学のカレッジについて言及しますと、オックスフォード大学の39あるカレッジの中の１つであるマンスフィールド・カレッジでは、96％の生徒がイギリスの公立学校からの入学者でした。[9] その中には、大学進学用のグラマー・スクールではなく、総合制学校であるコンプリヘンシブ・スクール出身の生徒も入学したことで、２０２０年には大いに新聞をにぎわせました。さらに、黒人やアジア人、少数民族出身者も、多様性を追求するカレッジの方針から多数入学したのでした。

過去において白人男性で占められてきたオックスフォード大学の学長も、２０１９年からは二代続いて女性です。また、最古のカレッジとされているユニヴァーシティー・カレッジでは、２０２０年に初の女性、かつ、黒人の学寮長が誕生しました。

他にも、ロンドン・スクール・オブ・エコノミクスの社会学教授アーロン・リーブズ氏とサム・フリードマン氏は、入学方針が最近改善されたにもかかわらず、イートン校やウィンチェスター校などの名門私立校の生徒がオックスブリッジといった名門大学入学枠を多く占め続けている、と主張し、英国の私立教育を受けた生徒の受け入れを、現在受け入れている約30％から10％に制限する必要があると述べています。[10]

時代の波は、大きなうねりを見せているようです。

タイトルの謎

最後に、少し本論から離れますが、この映画のタイトルについて考えてみましょう。

なぜ、タイトルが『ヒストリーボーイズ』なのでしょうか？　「ヒストリー＝歴史」「ボーイズ＝男子」、すなわち「歴男」とは一体何を意味するのでしょう。もちろん、8人の少年たちは、歴史が好きだというわけではありません。むしろ最初は、いやいや学んでいました。リントット先生が「オックス・ブリッジを目指すなら歴史重視よ！」と、生徒たちに口を酸っぱくして言い聞かせていたからです。最初は彼らもただ有名大学に合格するために歴史を学んでいたに過ぎませんでした。

しかし、教師と生徒たちは世界大戦やヒトラーの台頭、レーニンやヘンリー8世らの功罪といったように、次々と歴史を題材に討論を続けていくことで、歴史の中で人間の弱さや妬《ねた》みを知っていきます。強欲さが招く罪や悪業を考えながら、生徒たちも教師自身も、自らの思想や生き方を模索し、試行錯誤し、成長し続けていったのです。歴史を通して、人間としての成長を続ける生徒と教師。そこからこの映画のタイトルがつけられたのではないでしょうか。

この映画は、幅広い教養を教えようとするヘクターと、受験中心の教育を行うアーウィンとの教育を対比した映画という捉え方もありますが、歴史に対する考え方に表れるヘクターとアーウィンの生き方や考え方を知り、生徒たちが自身に照らし合わせて考えながら、自らの道を模索していく映画だといえます。ちなみに、アーウィンはオックスフォード大学出身ではなく、地方大学出身者であることが判明します。結局はアーウィンも、学歴主義にとらわれていたのです。

歴史の流れの中で人類の過去、現在そして未来を考える。つまり過去の人間の過ちを知り、現在の人間の生き方と重ね合わせながら、二度とその過ちを犯さぬような生きる指針を見つける。そのために歴史の授業があるのだ、と教えているようにも思います。そしてその「過去の歴史」を学び、「現在を生きる」グラマー・スクールの男子生徒たち。そこからこのタイトルがついたように思われるのです。

1 小学校は5歳から11歳の学童を、シックスフォームを含む中等学校は11歳から18歳の生徒を教える。

2 大学入学資格試験である教育資格一般認定試験は、普通レベルと上級レベルに分かれており、こちらは上級レベル試験を指す。

3 "Piling on privilege in higher education" *The Guardian* (https://www.theguardian.com/education/2024/sep/18/piling-on-privilege-in-higher-education)

4 藤井泰『イギリス中等教育制度史研究』風間書房（１９９５年）。

5 https://www.mext.go.jp/b_menu/shingi/chukyo/chukyo3/041/siryo/attach/1417501.htm

6 総長は大学のトップではあるが、式典、学位授与式、入学・卒業式といった行事を執り行う名誉職。

7 ヴィヴィアン・グリーン『イギリスの大学：その歴史と生態』安原義仁・成定薫訳、法政大学出版局（１９９４年）。

8 苅谷剛彦『階層化日本と教育危機：不平等再生産から意欲格差社会へ』有信堂高文社（２００１年）参照。階級社会に対して、苅谷によれば階層とは「所得や職業の威信、学歴、権力などのさまざまな社会・経済・文化的資源と呼ばれるものを基準としてみた、社会的な地位やカテゴリー」としており、階層化社会とは、「そうした地位へと人びとを配分する結果としてできる、（不平等を含んだ）序列化した社会のこと」としている。社会学の分野では階級と階層を区別するが、本書の中では特に区別しない。

9 "Last year one Oxford college admitted 96% of its students from state schools. How did they do it?" *The Guardian* (https://www.theguardian.com/education/2020/mar/24/one-oxford-college-has-96-of-students-from-state-schools-how-did-they-do-it)。学寮長はヘレン・マウントフィールド。

10 "Leading universities urged to take no more than 10% of students from private schools" *The Guardian* (https://www.theguardian.com/education/2024/sep/12/radical-action-more-state-school-pupils-oxbridge-oxford-cambridge)

第6章

パブリック・スクールと
プリーフェクト制度

『if もしも‥‥』に学ぶ
歪んだ子弟関係の歴史

パブリック・スクールの影

ここまでパブリック・スクールの素晴らしいといえる部分をたくさん紹介してきました。しかし、すべての面でパブリック・スクールが良いものだったかというと、そうではありません。少し時を遡れば、目を塞《ふさ》ぎたくなるような暗い側面もあったのです。第6章では映画『ifもしも‥‥』を中心に、パブリック・スクールの影の側面をお話ししていきましょう。

この映画は、1969年の第22回カンヌ国際映画祭でパルムドールを受賞した作品で、マルコム・マクダウェルの映画デビュー作です。イギリスにある架空のパブリック・スクールのあるハウス（寮）が舞台となっており、そのハウスに君臨する4人の監督生（プリーフェクト）の独裁体制に立ち向かう3人の上級生の物語です。映画の中のプリーフェクトたちは「ウィップス（鞭）」と呼ばれています。この呼び名が象徴するように、彼らはハウス内を厳しく管理するための抑止力として「鞭」を使います。下級生の保護者というよりも彼らは暴君といった感じでしょうか。時に、空想と現実の境が分からなくなるような映画ですが、プリーフェクトらの横暴に十字軍のごとく立ち上がり闘う勇者3人の物語といえましょう。

タイトル　if もしも‥‥
制作年　1968年
監督　リンゼイ・アンダーソン
脚本　デヴィッド・シャーウィン
制作会社　Paramount Pictures
配給　パラマウント・ピクチャーズ

崩壊の危機

映画で中心に扱われていた「いじめ」や「プリーフェクト制度」のお話をする前に、パブリック・スクールの暗黒の時代をまずは紹介しましょう。それは17世紀末から19世紀初頭で、パブリック・スクールの混沌の時代ともいうべき時期でした。生徒たちはマスターの指示にも従わず、暇さえあれば昼間からでも酒を飲み、賭博をし、時には校長に盾突き、学内だけではなく、学外でも暴力や喧嘩沙汰を引き起こしたりしていました。ひどい場合には、上級生の雑用係（ファッグ、後述）となった下級生が、その役目を苦にして自殺したりすることもあったそうです。シュルズベリー校では実際に、16世紀に生徒が首を吊って、自ら命を絶ってしまった記録が残っています。[1]

こうして19世紀には「パブリック・スクールは罪悪の温床である」「神の殿堂から盗賊の巣窟と化した」と、社会から痛烈な批判を浴びるほどまでの状態になっていました。[2] 生徒の放校や退学、校長や教頭の引責辞職も相次いだようです。当時起こった暴行や暴動を挙げてみましょう。

①イートン校：ファッグへの指導権に対する教師とプリーフェクトの対立問題（1768年に発生、結果、生徒約300人が放校）、校長に卵を投げつける事件（1818年）、生徒同士の喧嘩を原因とした死亡事件（1825年）

②ウィンチェスター校：町民との紛争（1770年）、教頭対生徒29人による抗議籠城（1793年に発生、結果、教頭は引退、生徒29人は放校）

③ラグビー校：校長の厳しい教育に反発し、器物を破壊（1796年に発生、結果、生徒の多数が放校され、残った生徒も鞭打ちの刑を受ける）

④ハロウ校：校長室爆破事件（1805年）、プリーフェクトの下級生いじめに

関する事件（１８０８年に発生、結果、首謀者を放校）[3]

こういった生徒の暴動の根っこには、今まで中流階級の子弟で占められていたパブリック・スクールに、貴族階級の子弟が多数入学したことも一因であると考えられています。なぜなら、貴族出身の子弟たちは退学しようが、成績が悪かろうが、身分が保証されているので、誰であろうと傲慢な態度をとり、反抗することができたからです。[4]

そんな中、こうしたパブリック・スクールの生徒たちのわがままや尊大な態度、無慈悲な心を改めようと改革を実施した人物がいました。それが、ラグビー校の校長トマス・アーノルドであったといわれています。[5]

トマス・アーノルドの立て直し

トマス・アーノルドは、１８２８年に33歳でラグビー校の校長となり、「数年にしてラグビー校の教育を根本から改革することに成功した」「イギリスが生んだ最も偉大な教育者である」[6]と、現代においても評価が高いパブリック・スクールの校長です。映画『トム・ブラウンの学校生活』（1940年版）の中で彼は心優しい校長として描かれていましたが、彼が宗教と道徳心を生徒への基礎教育に据えて様々な改革を実施した結果、ラグビー校は一躍有名になったのでした。

彼が実施した改革は枚挙にいとまがありませんが、例えば、礼拝を中心としたキリスト教精神を一人一人の生徒の心に育て、道徳教育を浸透させ、団体スポーツを積極的に利用する、といった改革がありました。団体スポーツとは特にラグビーやクリケット、カヌー、ボールゲームなどを指しており、団体スポーツによって人格は陶冶《とうや》されていくと彼は信じていたのです。アーノルド校長の教えを受けた弟子たちも、スポーツを積極的にカリキュラムに取り入れ、スポーツに教育思想を盛り込み、肉体を鍛え上げることによって生徒たちの忍耐力や精神力を高めるべし、と考えていました。

アーノルドが行った改革を列挙してみますと、次のようなものが挙げられます。[7]

①ラテン語やギリシャ語の学習内容について、単に翻訳の練習をするのではなく、古代の人々の哲学や生き方を学ぶ時間とし、古典に新たな教育的価値を与えた。

②一対一の個人指導教育（テュートリアル）を採用した。
③最上級生をプリーフェクトとして、下級生を特定の上級生の保護下に置くという目的で、従来からあったファギング制度を活用した（プリーフェクトについては次項で紹介）。
④生徒は全員1つの寮に所属し、ハウスマスター（寮監）と生徒には、第二の親子関係のような結びつきを育てた。
⑤礼拝堂を学校教育の中心に置き、クリスチャン・ジェントルマンの育成を目指し、他者を愛する精神を育てた。
⑥団体スポーツを重視し、チームプレイの中で、リーダーシップやジェントルマンシップを学ぶことを志した。
⑦細かな生活指導はプリーフェクトに任せて、教師が生徒の教育に専念できる環境を作り上げた。

これらの改革の中でも最も有名な改革が、パブリック・スクールにおける監督生（プリーフェクト）制度の改革でした。彼は、ラグビー校で初めてプリーフェクトに鞭打ちという体罰行使権を与えることで、生徒による自治組織を構築しようと考えたのです。

ハウスでは容易にいじめが生じます。映画『トム・ブラウンの学校生活』では、生徒たちは独特のやり方で、教師には分からないように真面目で気の弱い少年をいじめていました。そういった状況に年少生が陥らないように、アーノルドは従来のプリーフェクト・ファギング制度を改善しようとしたのでした。

しかし、アーノルドの意思や願いとは裏腹に、プリーフェクト・ファギング制度は負の財産も残してしまったのです。

プリーフェクト制度

プリーフェクト制度について、もう少し詳しく見ていきましょう。プリーフェクトには、いくつもの呼び方があります。ザ・ナインから例を出すと、ウィンチェスター校では「プリーフェクト」ですが、シュルズベリー校、イートン校、ラグビー校では「プリーポスター」、ハロウ校やチャーターハウス校では「モニター」と呼んでいます。呼び方は異なっていても、仕事内容はほぼ同じです。ここでは統一して「プリーフェクト」と記します。

プリーフェクト制度の歴史は古く、16世紀から徐々に形作られ、18世紀後半にすでに体制はできあがっており、18世紀末には合法化され、パブリック・スクールの正式な規律として校長たちに使われていました。創設時に規約の１つとしてこの制度が組み込まれていた学校もあります。14世紀に創設された最古のパブリック・スクールであるウィンチェスター校では、プリーフェクト制度が学校の定款に記されているのです。枢《とぼそ》やな原作のアニメ作品『黒執事』にも、その制度が出てきます。これについてはのちほどお話しします。

皆さんにとってこのプリーフェクト制度は、あまり馴染みのない制度だと思います。アーノルド校長が積極的に活用していったこのプリーフェクト制度は具体的にどのような制度だったのでしょうか。それについてまず簡単にまとめてみましょう。

彼は、パブリック・スクールの最上級生、年齢的には17歳、18歳の中からハウスマスターに何人か選んでもらい、それら生徒に学内の最高の地位と名誉と責任を与え、下級生への指導と生徒中心の自治を実施させる、という目的で本制度を強化しました。特に生徒たちの憧れは、派手な色彩や模様のある特別に誂えられたベストが着られることでした。この権利はプリーフェクトの一種のステータス・シンボルでもあったのです。

現代の同制度も最上級生の中からプリーフェクトを任命し、彼らに下級生の指導や学校の

図表6-1　シュルズベリー校

自治、生徒の規律を維持するための責任を負わせる制度となっています。[8] 特に寄宿学校（ボーディング・スクール）のハウスにおいてプリーフェクトは、ハウスマスターと下級生の間に立ちながら、調整役を担うといった重要な役割を負っています。これは、鹿児島の郷中《ごじゅう》教育に似ているといえるのかもしれません。郷中教育の最大の特色は、先輩が後輩を指導し、所属するグループの規律を維持することでした。

シュルズベリー校（図表6-1）の校長であったサミュエル・バトラー（1798〜1836年在職）はプリーフェクトについて次のようにも述べています。

「プリーフェクトとは、教員に信頼され、その権限の一部を委任された者である。また、プリーフェクトの仕事内容は、生徒間に秩序を保ち、どのような誤りも未然に防ぎ、規則違反者の名前を校長に告げるといったものである」[9]

「違反者の名前を校長に告げる」役目とは、ともすれば仲間や友人を裏切るスパイ行為に発展しかねません。映画『いまを生きる』の中でも、キーティング先生を快く思っていない生徒が、詩のクラブ「死せる詩人の会」やキーティングの悪口を校長に告げ口したことで喧嘩になり、キーティングをかばい、裏切った友人を殴った生徒は結果的に退学となりました。

また、教員が間違った生徒を選んでしまっても、プリーフェクトのやりたい放題になってしまい、最悪の状況に陥ることでしょう。往々にして権力を持った人間は、その力を過信し、傲慢になる傾向があります。映画『if もしも‥‥』でも、プリーフェクトに反抗したトラビス、ジョニー、ウォーレスの3人は、公正な説明もなく、プリーフェクトに髪の毛が長く汚いと指摘され、早朝冷水シャワーを浴びるように命令されてしまいます。反論は許されず、罰を命じたプリーフェクトのデンソンは、温かな風呂に入りながら、優雅に紅茶を飲む一方で、特に反発心の強いトラビスには、風呂を出たデンソンが戻るまで冷水シャワーに入れと命令までするのでした。

もちろん、映画の表現をそのまま鵜呑《うの》みにすることはできません。ただ、当時は現実にこのような横暴が日常的に許されてしまうといっても過言ではなかったようです。誤った人選をすれば、たちまちにしてハウスは恐怖の館になってしまうのです。

彼らの権限

ウィンチェスター校の定款が示すように、プリーフェクトはまず、人間性に優れた人物でなければなりません。また、知識も必要で、人間性と知識双方を兼ね備えた上級生が選ばれ、下級生の指導・保護役として配置されるべきなのです。

そして、このプリーフェクトにアーノルドは大きな権限を与え、生徒たちの手で学内を維持するための自治組織を作り上げさせようと考えたのでした。彼は、多数の生徒を統括する上で、この制度は必須の仕組みであり、17世紀末から始まったパブリック・スクール内外での暴力沙汰、飲酒、賭博といった生徒の無秩序も、この仕組みがうまく機能すれば正常化すると考えました。強さと知性を備えるプリーフェクトを下級生や弱いものを守る立場に置くことで生徒間の秩序が維持され、また、下級生も守られることで、プリーフェクトに敬意を抱くに違いない、と彼は推測したのです。

19世紀当時のプリーフェクトの仕事内容を見てみましょう。

①食事中は食卓の端で生徒たちの世話や監督
②集会の指揮や点呼
③校内や室内の指導監督や火気の取締り
④生徒間の紛争の仲裁や解決[10]

特に、ここで気をつけねばならないことは、下級生が飲酒や喫煙といった学校規則に違反する行為を行ったり、プリーフェクトの命令に従わなかったりした場合、体罰を行う権限さえもプリーフェクトは持っていたということです。最高の地位を与えるに際し、プリーフェクトは校長代行として懲罰権である「鞭打ち」の権利も与えられたのでした。

つまり、体罰には、①校長による体罰と②上級生代表であるプリーフェクトによる体罰の2通りが存在していたのです。19世紀当時、校則違反者への罰則は2種類あり、軽い罰則は、宿題としてのラテン語の書き取りで、教師の監督下での1時間の書き取りといったものでした。一方で、虚言、野卑な言葉や暴言、不品行、飲酒、隠れての飲食店への出入り、町の悪者との交流、賭け事、喫煙、いじめ、試験の不正行為などは校長罰である体罰に相当する違反でした。

現代では信じられない制度です。ですが、当時は一部権限をプリーフェクトに委譲し、生徒独自にハウス内の問題を解決させようとしたのです。この独立した大きな権限の委譲により、プリーフェクトはハウス内で絶大な権力を持つことになったのです。その結果、アーノルドという偉大な校長でも予想できなかった悪弊が生じることになるのでした。

プリーフェクト・ファギング制度

実は当時のプリーフェクト制度には、悪習ともいえる制度が付随していました。どういうことかといいますと、このプリーフェクト制度、19世紀初期にはプリーフェクト・ファギング制度と呼ばれ、プリーフェクトに対し、下級生のファッグ（雑用係）が対となって存在していたのです。
　ファギング制度によってプリーフェクトは、下級生の中から身の回りの世話をする専属の召使い役となるファッグを従えることができ、ファッグには「マスター（ご主人様）」と呼ばれていました。仕事をする代わりにファッグはプリーフェクトからの保護を受けることができる、といった関係です。しかし、決して対等な関係ではありません。ファッグの仕事ぶりが気に入らなければ、プリーフェクトは容赦なくファッグに暴力を加えたというのです。[11]
　先ほど少し言及した枢やな原作のアニメ『黒執事』（「寄宿学校編」）に出てくるイギリス屈指の名門寄宿学校、ウェストン校のプリーフェクト制度も機能していませんでした。この架空の学校は、多くの貴族の子息が入寮しているパブリック・スクールという設定です。伝統を重んじ、英国紳士を育てていますが、実社会から隔離された閉鎖的な組織ともいえます。そして、このウェストン校でも４学寮の各プリーフェクトが好みのファッグを下級生から選び出し、次々と命令を下していました。一方、彼らに命令されたファッグたちはプリーフェクトから命じられた仕事を、力ずくで自分たちよりもさらに若年生たちに押しつけ、やらせていたのでした。
　１９６０年代までは、このプリーフェクトとファッグの関係が１つのパブリック・スクールの学校文化を形作っていました。そして、個人的な雑用をさせる下級生のファッグに対し、プリーフェクトは絶対的な支配権を持っており、そのため、頻繁にファッグへのいじめを引き起こすことにもなったのです。下級生を統制するため、プリーフェクトによる鞭の使用も認められており、この制度は合法的な奴隷制度だと言われたこともありました。体罰による恐怖によってハウスを支配するといった構図ですね。

実際、当時のファッグの境遇や仕事は過酷なものであったようで、それに対しファッグは「NO」と言える立場にはありませんでした。ただ、フラストレーションが溜まらないわけではありません。結果的に、彼らのいじめや雑役という辛い体験に対する抑圧された怒りや感情が、上級学年次になった時、次の下級生に向けて全面的に解放されるという悪循環が、校内では繰り返されてもいたようです。

鞭打ちによる恐怖

もう少し、パブリック・スクールにおける体罰、鞭打ちの歴史を見ていきましょう。

鞭打ちは、イギリスのパブリック・スクール設立当初から行われてきた体罰の1つで、どのパブリック・スクールにおいても頻繁に使用されていたようです。法律で全面的に禁止されるまで、鞭打ちや小型の硬い板で尻を叩くといったことは、パブリック・スクールでも日常茶飯のこととして行われていた史実があり、ウィンチェスター校やイートン校では、金曜日は罰を与える日と決められていたそうです。

良くも悪くも鞭打ちの影響は甚大で、学内の規律を保つためには有効であったかもしれませんが、最悪の場合には鞭打ちそのものや鞭打ちによるいじめを苦にして自殺する生徒も出ていました。例えば、1853年のハロウ校でのことですが、プリーフェクトと一人の少年がフットボール競技場で口論となり、少年は校長に訴えたにもかかわらず、校長は「プリーフェクトに従うべし」と少年に命じ、少年は体罰として31回もの鞭打ちを受けたという記録があります。少年は病院送りとなるほどの重傷を負うことになりました。もちろん、その鞭打ちを行ったプリーフェクトも無事ですむはずもなく、退校処分となりました。[12]

恐ろしいのは、鞭で打たれることだけではありません。「NO」と言うこともできず、無条件でプリーフェクトの命令に従わなければならないことも恐怖なのです。

映画『if もしも‥‥』では、傲岸不遜なロウントリーを中心とする4人のプリーフェクトたちが、トラビス、ジョニー、ウォーレスにハウスの風紀を乱すものとして鞭打ちの罰を与えることを計画しました。ハウスマスターは見て見ぬふりで、プリーフェクトに一任するだけ。勝手な判断による鞭打ちに対し、反抗的なトラビスは「鞭で言う通りになるほど俺たちヤワじゃないぜ」と強気な姿勢を見せますが、対抗する術はありません。プリーフェクトによる鞭打ちを受け入れるしかなかったのです。

ハウス内の下級生たちは息をひそめています。鞭打ちの音が響くこの時間は、彼らにとっても、「いずれ我が身」と恐怖に慄《おのの》くものでした。ジョニーとウォーレスの鞭打ちは4回でしたが、プリーフェクトのロウントリーに盾突いたトラビスは、合計10回の鞭打ちを受けることになります。第73代首相（1997〜2007年在職）であったトニー・ブレアもファッグを命ぜられ、プリーフェクトたちに殴られることもしょっちゅうだったとか。その彼は、映画『ifもしも・・・・』を観て共感したとのことです。[13]

さらに、ここで改めて思い出したい作品があります。第2章で取り上げた『いまを生きる』という映画です。本作品は生徒と教師の温かい交流が描かれていましたが、その一方で、先生による体罰もまた生々しく描かれていました。小さな板で尻を叩かれるシーンがはっきりと映されているのです。これは相当痛いらしく、映画では罰を受けた生徒が、あまりの痛さに真っ直ぐ歩けなくなっていました。

19世紀初期には、生徒を規律統制するというよりも、命令に従わせるために、また、学校運営をしやすくするために体罰が用いられていたのでしょう。体罰を認めなければならないほど、パブリック・スクールは退廃と混沌にあったといえるのかもしれません。この学校での「鞭打ち」は、1982年のヨーロッパ人権裁判所の判決を受けて、1986年の「イギリス教育法（Education Act）」により法的に禁止されるまで行われていました。ウィンチェスター校の設立が1382年ですから、およそ600年も続いたことになります。

ファッグの過酷な仕事

ファッグの雑用は多岐にわたっていました。「プリーフェクトの朝食の準備、食器磨き、紅茶とお菓子の用意、制服や靴のブラシがけ、買い物の使い走り、部屋の掃除など日常生活に関わる基本的な世話だけに留まらず、早朝から薪を燃やして部屋を暖めたり、洗顔用の水や湯を運んだり、夜には自室で食事をとるマスターのために夕食の準備を整えたり、冬には就寝前にベッドをファッグの体温で温めておく」[14]といったものもあったのでした。

映画『ifもしも....』の中では、新学期に自宅からハウスに帰ってきたプリーフェクトにファッグが呼びつけられ、彼の荷物の一切合切を運んだ上に、トイレの便座を温める仕事までも命じられていました。そういった雑用でも失敗すれば鞭で叩かれ、嫌がらせをされるので、プリーフェクト・ファギング制度は、時にはただのいじめとそれほど変わらなかったともいえるでしょう。しもべであるファッグが行う雑用の多様さと多さに対し、主人側のプリーフェクトの義務はさして多くなかったことも問題でした。

ようやく、19世紀前半からパブリック・スクールにおけるファギング制度は批判に晒《さら》されることになるのですが、この制度は続くことになります。大規模な調査によって学校改革がなされた1860年代にも廃止されることなく、1960年代まで続くのでした。

現代のプリーフェクト制度

では、現代はどうなのかというと、プリーフェクト制度だけが、常に改善されながら続いています。

ハウス・プリーフェクト（ハウスを治める監督生）は、それぞれハウスの最上級生の中からハウスマスターにより選ばれ、スクール・プリーフェクト（学校を代表する監督生）は学校全体の生徒から選ばれます。彼らは、勉強やスポーツに優れており、人格も立派な生徒が選ばれるようですが、マスター（教員）の言によると、リーダーシップを発揮できる人材でなければならないということです。

選出方法ですが、まず、マスターの推薦でプリーフェクト候補者が選ばれ、選ばれた上級生の候補者の中から最終的には校長や副校長、ハウスマスターたちがプリーフェクトを選びます。日本でいえば、生徒会役員に似た役割を果たしている生徒がプリーフェクトですが、日本と違うのは、日本では生徒会役員は本人の立候補と生徒の投票で選ばれますが、イギリスでは最終的に教員らがプリーフェクトを選ぶのです。

他にも、イートン校のスクール・プリーフェクトは、在校生と教員双方の投票によって生徒会のメンバーとして選ばれることになっています。選考基準は、品行方正かつ生徒および教員双方から人気があることです。この生徒会はイートン・ソサエティ（通称ポップ）と呼ばれ、約24人の生徒によって運営されています。

選ばれると、生徒はプリーフェクトになるための研修を受けることになります。その後、学校の校則やハウスの規律を生徒たちに守らせたり、定期的に校長との話し合いをしたりといった、ハウス内の重要な仕事が振り分けられます。ハロウ校のスクール・プリーフェクトは、毎週校長と副校長に会って、ハウスの状況について報告する義務があります。

プリーフェクトに選ばれれば、他の生徒よりも立派な部屋がもらえ、着る服装やネクタイが選べるといった自由度は増えるものの、プリーフェクトであるがゆえに、自らの行動を律し、他生徒の模範になることを周りから期待され続けることにもなります。プリーフェクトは生徒全体の監督役を担うわけですから、責任も重大ですが名誉も大きく、校長やマスターそして生徒からの信頼も得ることになります。以前、プリーフェクトに選ばれた生徒たちに選ばれることについてどう考えますか、と質問したことがあったのですが、「プレッシャーよりも、服装の違いによって、代表生徒としての自覚や誇りというものが芽生えてきた」、という答えが返ってきました。

重要な役目を与えるという行為は、ハウスマスター（寮監）、ハウス・プリーフェクト、上級生、下級生といったヒエラルキー制度の下に成り立っている小さな社会の中で、将来学校をあとにし、社会に出た時に必要となってくる力ともいえる、リーダーシップ、説得力、忍耐力、危険を察知する力を磨くための準備段階となっているのでしょう。こういったことも寄宿学校ならではの教育例といえます。

現代ではもう少し複雑化した学校をまとめていくために、ハウス・プリーフェクトの上に、スクール・プリーフェクトが据えられています。例えばイートン校では、各ハウスにそれぞれハウス・プリーフェクトがおり、そのハウス・プリーフェクト24人の中から、ハウスマスターが1人のスクール・プリーフェクトを選出するのです。イートン校ではハウスの数が24ありますから、24人のハウス・プリーフェクトがいることになります。

スクール・プリーフェクトの仕事をもう少し詳しく述べますと、朝の礼拝時に生徒の整列や誘導を促すこと、服装の乱れを指摘すること、他に生徒が無断で外出しないように毎晩監視することや、他に月に一度開催される全ハウスとのハウスキャプテン会議に参加し、各ハウス内で問題となっている案件について討議・報告を行う役割も担っています。また必要に応じて軽い懲罰を科す権限も与えられています。半分は生徒で、半分は責任ある職員といった感じですね。

教員の「いじめ」に対する意見や対処

それでは、現代のパブリック・スクールでは、プリーフェクト制度がうまく機能しているのでしょうか。２０１７年に私が行ったインタビューで、現代のパブリック・スクールでのプリーフェクトといじめについてイートンのマスター（教員）にお聞きしたところ、次の話をしてくださいました。

秦　　　　：いじめはやはり少しはありますか?

マスター：ええ、もちろん。時には、ですが。やはりまだ、ちゃんと目を光らせていないといけませんね。どんなグループでも、50人の男子生徒を1つの寮に入れれば……。特に、下の学年の男の子たちのことは「プリティーボーイ」と呼んでいるんですが、彼らには精神的あるいは肉体的に強い子もいれば弱い子もおり、誰が誰を押しただの、いろいろもめごともあります。でも私たちの目が届くところにいる限り、彼らも安全です。

人間とはそういうものです。しかし、我々教師はちゃんと監督しないといけませんし、生徒たちの行動が理性的であるかどうかも判断しなければなりません。一方、これはプリーフェクトの役目でもあり、上級生たちはこういったことを察知するのが得意です。彼らは目となり耳となり、下級生たちがたとえハウスマスターに言えなくても、何があったかをちゃんと把握しています。もしも元気なく、落ち込んでいる生徒がいれば、プリーフェクトがちゃんと気づいてくれるのです。

また、そんな子どもたちでも2、3年も学校にいれば、いろんなことを身につけるので、落ち着いてきます。こういったことこそが、寄宿制の学校で学べる素晴らしい要素だと思っています。時には苦手な人とも付き合っていかなければなりませんが、誰とでもうまくやっていけないとだめなのです。

また、「いじめ問題」について進歩的な対応を行っている、スコットランド最北に位置するパブリック・スクール、ゴードンストン校（図表6‐2）についても紹介しておきましょう。

図表6-2　ゴードンストン校　Copyright Gordonstoun

　本校の教師に問い合わせたところ、ゴードンストン校ではいじめが生じると、生徒が属するハウス・ペアレンツに報告され、そこから学年の主任リーダーの教師、副校長、そして副校長からパストラル担当（第7章参照）の副校長に報告されます。いじめに対する処罰は、いじめの内容に応じて、校長、副校長、ハウス・ペアレンツ、学年の主任リーダーと協議の上、決定されるということですが、たとえ一度の過ちでも、いじめを行った生徒は即座に永久退学を命じられることもあるということです。厳粛な対応ですね。また学校では、年少組の頃からいじめ問題に関する教育を「シティズンシップ・カリキュラム」（イギリスが先駆けで、地球市民となるための資質を備えるために必要な道徳や責任感、知識を学ぶ教育。社会の諸課題を生徒たちが理解し、解決できるようになることを目指す）で学ぶということでした。いじめへの対応は、古くからあるパブリック・スクールよりも新しいパブリック・スクールの方が、対処方法が迅速であるのかもしれません。

本校では、「ハウスマスター」という名称に対しても、「マスター」という権威主義的な言葉を止めて、性差のない「ハウス長（Head of House）」を使っており、他のパブリック・スクールでもこの言葉を使いだしているということです。「スクール・プリーフェクト」も「ガーディアン」という名前を使っています。これは「守護者」という意味です。

また、ゴードンストン校では、各ハウスにはハウス長のほかに、生徒の親代わりをする人、ということで、パストラル・ケアのトップであるハウス・ペアレンツが常駐しています。それぞれのハウスにはハウス・ペアレンツがいるわけです。ハウス・ペアレンツは、子どもたちの健康や安全、精神の安定を促すのみならず、「モラル教育」を行うことまで求められているということでした。

現代のパブリック・スクールにおいても、まだまだ改善すべき点や取り入れなければならないことはありそうです。ただ、歩みは遅かったかもしれませんが、昨日よりは今日、今日よりは明日といったように、より良い学校にするための努力は日々積み重ねられ、パブリック・スクールの改革は着実に進んでいるようです。

1　古阪肇「イギリスの独立学校における生徒のケア」『早稲田大学大学院教育学研究科紀要』（２０１２年）。
2　T. Burgess. *A Guide to English Schools*, Penguin Books, 1964, pp.65-100.
3　池田良三『イギリス教育の伝統と未来：トーマス・アーノルドの教育観と経営実践』帝国地方行政学会（１９７１年）１２２〜１３０頁。藤井泰『イギリス中等教育制度史研究』風間書房（１９９５年）21頁。
4　池田良三（１９７１年）１２１頁。
5　池田良三（１９７１年）１４３頁。
6　池田良三（１９７１年）１２１頁。
7　池田良三（１９７１年）１４７頁。

8　古阪肇「英国独立学校の監督生制度に関する一考察」『早稲田大学教育・総合科学学術院　学術研究』第62号（２０１４年）15～34頁。

9　Samuel Butler. *The Life and Letters of Dr. Samuel Butler*, Vol. 1. John Murray, 1896.

10　池田良三『イギリス教育の伝統と未来：トーマス・アーノルドの教育観と経営実践』帝国地方行政学会（１９７１年）１６６～１６７頁。

11　藤井泰『イギリス中等教育制度史研究』風間書房（１９９５年）22頁。

12　池田良三『イギリスの学校教育』ぎょうせい（１９７４年）１４７～１４８頁。

13　R. Verkaik, *Posh Boys – How English Public Schools Ruin Britain*, Oneworld Publication Ltd., 2018, p.104.

14　Mack, E.C., *Public Schools and British Opinion, 1780 to 1860: an examination of the relationship between contemporary ideas and the evolution of an English institution*, Methuen & Co. Ltd. 1938, p.41.

第7章

パブリック・スクールとパストラル・ケア

『アナザー・カントリー』に学ぶ負の歴史

実在の人物をモデルに

『アナザー・カントリー』という作品をご存じでしょうか。もともとは1981年に、ジュリアン・ミッチェルの脚本をもとに、ロンドンのグリニッジ劇場で舞台上演されていたのですが、それがマレク・カニエフスカ監督の手によって1984年に映画化されました。ルパート・エヴェレットが扮《ふん》する主人公のガイ・ベネットは、1930年頃から1950年にかけて、イギリスでソ連のスパイ活動をしていた実在のケンブリッジ大学の学生、ガイ・バージェスをモデルにしているということです。

彼の親友のトミー・ジャド役は映画『英国王のスピーチ』（2010年）でアカデミー賞主演男優賞を受賞した名優コリン・ファースが演じています。第4章で紹介した映画『キングスマン』で、スパイのハリー・ハートを演じたのも彼でしたね。彼はこの『アナザー・カントリー』で映画デビューを果たしました。そして、ベネットが恋するジェームズ・ハーコート役をケイリー・エルウィスが演じています。エルウィスは、パブリック・スクールのハロウ校を卒業しており、パブリック・スクール生の雰囲気をうまく醸し出しています。他にも、

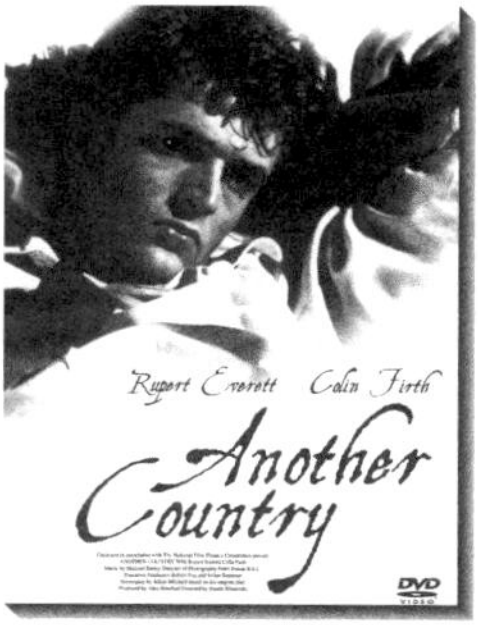

タイトル　アナザー・カントリー
制作年　1984年
監督　マレク・カニエフスカ
脚本　ジュリアン・ミッチェル
制作会社　Goldcrest
The National Film Finance
配給　ヘラルド・エース
原作　*Another Country*
Julian Mitchell

次期学校代表を目指すメンディース役をフレデリック・アレクサンダーが、そしてベネットを敵視しているファウラー役をトリスタン・オリヴァーが演じています。

映画の舞台は1930年代のイギリス、架空の名門寄宿制パブリック・スクールです。ベネット、ジャド、バークレイ、メンディースの4人が所属するハウス（寮）はガスコイン寮と呼ばれ、ベネットの恋人ハーコートが所属するのはロングフォート寮でした。

撮影現場は、パブリック・スクール生徒の進学先、オックスフォード大学の所在地であるオックスフォードで、その街と大学図書館のボードリアン図書館が使われています。例えば、第一次世界大戦で戦死した卒業生を讃える少年聖歌隊のミサのシーンや、軍服の点検シーンでは、ボードリアン図書館の旧館の中庭が使われています。この図書館は街の中心にあり、旧館、新館、そしてラドクリフ・カメラ

図表7-1　オックスフォード大学のラドクリフ・カメラ

(現在は閲覧室、図表7-1)とに分かれ、それぞれの建物は地下トンネルで結ばれています。

ボードリアン図書館の旧館は17世紀初期に建てられた世界的にも有名な建物で、実は他の映画にもたびたび出てきます。

例えば、旧館内にある神学部(ディヴィニティー・スクール)は、『ハリー・ポッターと炎のゴブレット』でマクゴナガル先生がダンスレッスンをするシーンで使われていますし、同じ神学部の上層階にあるハンフリー公図書館(読書室)はホグワーツ図書館として使われました。

13世紀初頭に最初のカレッジが誕生したといわれているオックスフォード大学

ですので、それに比較すると17世紀初期の図書館は、まだまだ新しい部類に入るのかもしれません。他にも大学のニュー・カレッジは、「ホグワーツ魔法魔術学校の廊下や中庭」や「マルフォイが登った樹」（図表７‐２）として撮影で使われています。このカレッジも「ニュー」とはいうものの、14世紀に創設されたカレッジで、オックスフォードの街には古色蒼然とした建物があちこちに見受けれらます。

図表７‐２　オックスフォード大学のニュー・カレッジにある「ハリー・ポッター」の撮影に使われた樹

生まれた瞬間に登録

映画のあらすじを紹介していきましょう。

映画の最初の場面は１９８３年のモスクワです。訥々《とつとつ》と話を始めている老人は、パブリック・スクール卒業後にロシア側のスパイとなったガイ・ベネットで、アメリカ人によるインタビューを受けながら、彼の人生の回想が始まります。

ベネットの望みは名声を得ることでした。ある意味で、祖国であるイギリスを裏切り、ソビエト連邦のスパイになったことは、彼の名前を有名にしたことでしょう。しかし、ベネット自身は最初からソ連に傾倒していたわけではありません。自虐的な面は強かったかもしれませんが、学生時代は普通の生徒、「人生なんて梯子《はしご》を上に登るだけなのさ」と言っているような俗人でした。

人生の「梯子を上に登る」ためのベネットの計画とは、プリーフェクト（監督生）からハウスのトップであるハウス・プリーフェクトを経て、学校を代表するスクール・プリーフェクトになり、卒業後には外交官としてフランス大使館に勤め、叙勲される、といった道程です。上昇志向のある野心家の計画、名士になるための計画といえるでしょう。当時のパブリック・スクールの卒業生は選ばれた人々であり、ハウス・プリーフェクトにでもなって卒業すれば、卒業生や関係者たちの縁故で出世も確実だった時代なのです。

ちなみに縁故主義といえば、イートン校の場合、2002年までは男の子が生まれると同時に父親が所属していたハウスに子どもの名前を登録しておくという「レガシー枠[1]」がありました。本人の意思とは関係なく、生まれた瞬間から人生の進むべき道が決まっている世界があったのです。その中には歴代首相のデビッド・キャメロンやボリス・ジョンソンの名前もありました。もちろん、現代ではほとんどのパブリック・スクールにおいて「レガシー枠」は廃止されたといわれています。

明確なふるい分け

ベネットがパブリック・スクール時代に望んでいたのは、若者らしくカラフルなベストを着たいということでした。色や模様つきベストの着用は名声を得るための1つのツールであり、象徴であったからです。

プリーフェクトになるということは、名誉だけではなく他の生徒が持つことのできない特権も与えられます。その1つが、自分の好みに合わせたベストやネクタイ、ズボンなど、一般の生徒とは異なる衣装を着用できることで、現代のパブリック・スクールでも権利の1つとしてプリーフェクトが享受できます。他にもプリーフェクトは他の生徒よりも立派な部屋をもらうことができます。こうした一般の生徒との服装や部屋の違いが、学校の中での生徒間の差別化と序列化につながっていくのです。

差別化という意味では、当時のパブリック・スクールではまず最初に、入学時点で階級によるふるい分けがなされていました。社会階層間での差別化ですね。映画では「クラース(Class)」という言葉が頻繁に出てきますが、ここで使われた「クラース」という言葉、「教室」という意味ではありません。「階級」を指しているのです。パブリック・スクールの生徒たちは上流/特権階級に属した子息が多く、イギリスでは階級、クラースが大きな意味を持つ時代がありました。

イギリスの国民は「貴族、僧侶、民衆」の三階級に分かれると、議会制度でも認められていましたが、[2]それとは別にヒエラルキーとしての階級、「上流階級」「中流階級」「下層階級」としての分割もありました。階級ヒエラルキーでは、祖先の系譜、アクセント、教育、マナー、服装、娯楽の内容、住居の種類、生活様式などで、すぐさまどの階級にあるかが自他ともに分かるようになっていました。[3]

そして、パブリック・スクールにおけるもう1つの差別化が、学校内での力関係によるふるい分けです。校長やマスターからの評価と上級生による評価によって、プリーフェクトや寮代表のハウス・プリーフェクト、学校代表のスクール・プリーフェクトが選別されたことは覚えていますか？　プリーフェクトは他の生徒と差別化され、学内の力関係が決まります。しかも、この差別化は、たとえ富裕層であっても富が有利に働くということはなかったようです。

ハウス・プリーフェクトになる生徒の性格も十人十色で、『アナザー・カントリー』のファウラーは暴君さながら同級生や下級生に命令を下し、仕事を押しつけるような傲岸不遜な性格です。しかし、ベネットと同じハウスのメンディースは、打算的ではあるものの寮生に対しては親切な性格といえましょう。そしてベネットは、息が詰まるような独裁者であるファウラーを嫌い、彼に反発するのでした。

自分に正直だっただけなのに

元来、映画のベネットの社会主義や共産主義についての知識は教科書の解説の範疇《はんちゅう》でしかなく、本人は階級社会の利益を享受している生徒でした。美少年のハーコートに恋するふわふわした一生徒。そんな彼が、共産主義に傾倒し、スパイに転向することになりました。

理論武装したり、自己防衛したりする手段や機会などいくらでもあったでしょうに。天衣無縫というか、世間知らずであったがゆえに、心の思うままに動いてしまったところに彼の不幸がありました。ロールスロイスに相当するような装飾が施された美しい馬車の中で、彼は母親に「今までの10年間の苦労を無駄にすることなどしたくない。ハウス・プリーフェクトになるだけだ」と、言明していたにもかかわらずです。

どういうことかというと、現代ならば何の問題もなく、同性婚も認められているイギリスですが、当時のイギリス社会は同性愛に対して厳しい法的処罰も用意している時代でした。そんな時代に若者であった彼は、ただ自分の心を開放できる同性の友達を好きになったのです。それによって、彼の人生は天地がひっくり返ってしまったのでした。「無分別は身をほろぼすぞ」と、彼は先輩から忠告も受けるのですが、聞き流すだけで真剣に考えようとはしなかったのです。

ベネットが上流階級に生まれた普通の若者に過ぎなかったことは、インタビューシーンにも表れています。インタビューの最後で、「イギリスで懐かしく思うものは何か」と聞かれると、「祖国には何の未練もないが、クリケットがもう一度したい」と彼は答えています。

イギリスでは当時、道具や防具を揃えるのにお金がかかるクリケットは特権階級のスポーツという認識があり、パブリック・スクールに行くような上流階級の生徒でなければできないスポーツとみなされていました。そういった歴史の名残として、１８０５年から現代まで毎年5月の第3土曜日には、伝統の一戦であるイートン校対ハロウ校の試合が、クリケットの聖地と呼ばれているローズ・クリケット場（Lord's）で行われています。

クリケットを恋しく思うベネットは、運命のいたずらでそうなったものの、共産主義者と呼ばれる人間からはほど遠い若者でした。しかし、自らの行動が引き起こしてしまった結果によって、鞭打ちの罰を受け、未来の夢もボロボロに打ち砕かれてしまうのです。つまり、パブリック・スクール卒業後のイギリス社会で活躍する場を失ってしまったのでした。

セカンドチャンスがない

その後、彼は信頼する友人ジャドの共産主義的思想に影響を受け、大学進学後、ソ連のスパイとなるのでした。ファウラーがハウスの中でとっていた独裁や統制を忌み嫌っていた彼が、生産手段の国有化や中央集権、計画経済、といった社会主義国家であったソ連のスパイとして生きざるを得なくなってしまうのです。

この点が当時のパブリック・スクールの問題点といえるところです。つまり、パブリック・スクールでは、そこでの失敗が生徒の一生を思いもつかぬ方向に向かわせ、人生を狂わす方向にも働く可能性があったのです。一旦、学内でうまく生きられないとなると、退学するか、転校するか、あるいは全く別の生き方を選ぶか、といった選択肢しかありません。つまり、「学内で」成功するためのセカンドチャンスが保証されていなかったことが問題点の1つでした。

有名な例では、第二次世界大戦中と大戦後に首相となったチャーチルも、パブリック・スクールのハロウ校では完全な落ちこぼれで、成績も悪く、上級生に反抗的であったため、上級生のプリーフェクトからたびたび鞭打ちを受けていたようです。また、卒業後は大学に進学することもなく、サンドハースト王立陸軍士官学校の予備校にやっと入学することができたとのこと。本来ならば、ここで彼の人生は終わっていたところだったのですが、彼の場合は家柄が良かったという点も作用し、軍人になったあとに保守党から首相になることができたのでした。

本映画の主人公ガイ・ベネットのモデルとなったガイ・バージェスも同性愛者でした。ケンブリッジ・ファイブ（ケンブリッジ大学のスパイ5人組）の一人で、最終的にはソビエト連邦のスパイとなったのですが、死ぬまでイギリスを恋しく思いながら死を迎えたということです。イートン校出身の彼でしたが、学校で認められることもなく、卒業後はダートマス海軍兵学校に合格し、進学したのですが、その後退学することになりました。[4]

もちろん、現代のパブリック・スクールは昔とは違います。現代では学校で思うように成果を出せない生徒も、それぞれのハウスで解決策が練られ、ハウスマスター（寮監）が対象の生徒に面談をし、問題点への対応策を考えるのです（２０１７年のハロウ校紹介ＤＶＤより）。

当時の社会における同性愛

映画の前半の場面では、男子生徒二人が着替え室で愛し合っている姿をハウスマスターに見られたために、生徒のうちの一人、マーチノは思いあぐねた結果、教会の梁《はり》に首をくくって自ら命を絶ってしまいます。彼は、自分たちが学校を放校させられることが確実であること、生徒だけではなく、親たちにまで知れ渡ることに対する絶望感、見えない未来への不安、苦痛、そして誰も助けてくれないという孤立感、こういったもろもろの混沌とした気持ちから事を起こしてしまったのでしょう。当時は、生徒たちへの救済策を講じるパストラル・ケア（後述）が発達していなかったのです。

第6章でも取り上げたように、当時、プリーフェクトは絶対的な支配権を持っており、一般の生徒や下級生は彼らの支配下にありました。映画でプリーフェクトたちは、同じ仲間の死を悼むこともなく、緊急会議を開くのですが、彼らが語る言葉は、「風紀が乱れきっている」「同性の者と寝るな」というもので、同性を愛することの理由や意味、是非についての話し合いなどはありません。最終的にハウスの浄化が必要という結論に至ります。

男性だけで構成されたホモソーシャルな社会を維持するシステムを温存するためには、同性愛は忌避すべきものと彼らは考えたのです。今では考えられないことですが、その理由は同性愛が「『家庭』とは男性と女性と彼らの子どもたちとで成り立たねばならない」という社会通念からはずれたものと認識されていたことであり、また、その社会通念は固守すべきものとされ、それをわきまえないことは当時の社会では許されなかったからです。同時に、同性愛は男性と女性から成る婚姻制度の破綻につながるとも考えられていたからだと思われます。男女の婚姻制度によって子どもが生まれ、その血脈は子々孫々と受け継がれ、家系と所領、そして所領から得られる収入が維持されることで、家の名誉と安泰が保証される時代であったことも原因でしょう。

男女参画の世界へ

当時の男性中心の社会において富や権力や地位の独占状態を維持するためには、自分たち男同士の連帯こそが最も重要で、その社会で自分たちが認められることを最優先していました。先述の価値観も相まってそういった社会、つまり性別役割分業観が強い階層構造であった社会では、社会維持のためには同性愛は認められないことだったのです。また、当時は、家族に対する統率権が父親に集中している家父長制が主流で、その家父長制が地位や権力、利益を生み出していた時代でした。そういった社会では、男性は女性たちを自分たちと同じ社会を担う一員とはみなさず、男性は女性を、社会をともに改善していくための対等なパートナーとは捉えていなかったのです。

こういった社会を変えていくためには学校の男女共学化は重要で、パブリック・スクールでも、女性の権利という面からも次第に女子生徒の入学が認められるようになり、また、女子学生のためのパブリック・スクールも設立されることになります。

古くは、子どもたちは所属する社会に必要な知識や技能を得るために、年齢や性別で分けられた集団の中で学んでいました。しかし、社会は一方の性別だけで成立しているわけではありません。互いの長所や短所を知りながら、長所を学び、短所は補填し合う知恵を身につけていくことが、結果的には、社会の維持や、平和的共存につながるのです。そして、男女共学化の流れの中で、女性は男性と同じように仕事をし、社会を担う対等なパートナーであることが次第に認識されていくことになるのでした。

ただ、ザ・ナイン9校の中で13歳から男女共学になっている学校はいまだ4校程度なのもまた事実。もともと特権的な男子学校として成立していたパブリック・スクールですので、男女共通の横断的な中等教育といった考え方は、あまり浸透していないのかもしれません。

主人公と友人を分かつもの

当時のパブリック・スクールという閉ざされた社会は、小さな社会でありながらも大人社会と同じく、権謀術数が張り巡らされ、力の強いものが支配する社会です。ベネットは裕福な上流階級の生まれで、何の苦労もなく育ってきたので、学校の規律に縛られることを嫌い、思ったことを口にしてしまいます。しかし、言葉は真意や思想を乗せておらずとも発した途端に意味を持ち、プリーフェクトとの対決につながってゆくのでした。

学校とは生徒にとって、あくまでも自らの望みや欲望は隠し、うまく校長の言や学校の規律を守りながら、全体の和を乱さず生きていかなければならない場所でした。それを自覚していた者が学校だけではなく、社会でも成功することになります。

映画の中での社会的成功者は2人でしょうか。自治会長となったメンディースは、卒業後に下院議員から大蔵大臣になり、その後、貴族院に入ります。また、ベネットが愛したハーコートはロンドンの銀行の頭取になります。

心の友であったジャドは、社会改革を望み、共産思想に傾倒してスペイン内乱で共和軍に志願。しかし、共産党員に殺害されて22歳で死んでしまいます。消灯後に隠れながら懐中電灯でマルクスの『資本論』を読みあさり、マルクス・レーニン主義を信奉していたジャドが、味方とも思っていた共産党員の手にかかることになるのでした。

体罰やいじめ

体罰については、１９８６年に全面禁止になるまで続けられ、特に生徒を罰する手段として鞭打ちが積極的に用いられていました（第６章参照）。１９３０年代、学校全体に関する事業や授業、学校の対外関係の仕事については校長やマスターが仕切っていましたが、ハウス内はプリーフェクト任せで、校長も寮監もほとんどノータッチでした。プリーフェクトはプリーフェクトで、学校からの権限はすでに委譲されているので、自分たちが必要だと認めると、誰の許可を得ることもなく、自分たちの裁量で理由さえ見つかれば生徒たちに鞭を振るいます。

鞭打ちとは、単に痛みの問題ではなく、その学校で生活するに相応しくない人間だというレッテルを貼られるような行為でもあります。鞭で打たれた生徒は、恥辱と苦痛にまみれて、鞭打ち後も苦しむことになるのです。映画の中でも、プリーフェクトが鞭を持参し、長くしなる鞭で思い切りベネットを叩くのでしたが、ベネットはこの出来事によってプライドを傷つけられると同時に、将来の夢を絶たれた絶望によって自分が望まなかった道を選択してしまうことになるのでした。

第6章でもお話ししましたように、にわかには信じ難いことですが、イギリスではファギング制度がなくなるまで、ファッグとなった下級生は毎日プリーフェクトの朝食の準備、食器洗い、制服や靴のブラシがけ、買い物の使い走り、部屋の掃除はもちろんのこと、寒い時期には早朝から薪を燃やして部屋を暖め、洗顔用の水や湯を運ぶ仕事までさせられていました。

まだ幼さの残るファッグたちは、こういった「雑用」をプリーフェクトに命じられては毎日行っていたのですが、鼻歌まじりで雑用をやっていたわけではもちろんありません。彼らはプリーフェクトの言葉1つ1つに恐れおののきながら、懸命に仕事をしていたのでした。ウィンチェスター校の学校史の中でも、ファッグの仕事ぶりが気に入らなければ、容赦なくファッグを殴ったというプリーフェクトの横暴ぶりが記されています。[5]

そのことは、映画を観ているとよく分かります。映画の中でファッグの一人が銀製のカップを磨いているのですが、少しでも手を休めれば、飛んできて落ち度を指摘するプリーフェクトに身をすくめ、彼はまた磨きだします。他にも両手を真っ黒にし、額に汗しながらプリーフェクトの靴を磨き上げるファッグ。プリーフェクトが呼んだ時には、何を置いても飛んでいかなくてはならず、遅れると、また次の仕事を命じられることになります。

映画の中では幼いファッグがプリーフェクトにお湯を運んでいるシーンがあるのですが、運んでいる途中でぬるくなってしまうため、また、汲みにもどらなければならなくなり、困り果てて階段にたたずんでいました。それを知ったジャドは、「沸騰した熱湯をホーローのポットに入れて運び、温度が下がらぬようにくるくる毛布を巻いておきなさい」とアドバイスをしてやります。ハウスの中でまだ左も右も分からない幼いファッグたちがプリーフェクトに虐げられ、人生の途上で迷っている姿が映画からありありと伝わってきます。

他にも第1章と第6章でチラッと名前を出した映画『トム・ブラウンの学校生活』の中で、主人公のトムは、シーツに巻かれて天井に跳ね飛ばされたり、暖炉前で火炙《ひあぶ》りにされたりといった、過酷かつ残虐ないじめを上級生のフラッシュマンからたびたび受けていました。それでもトムは、フラッシュマンを中心とする上級生たちからの度を越えたいじめ行為に最終的には反旗をひるがえします。

映画ではありますが、ラグビー校に通っていた作者の実体験に基づいており、パブリック・スクールの中でのいじめを知るにはちょうど良い映画となっています。

劣悪な生活環境

体罰やいじめに加えて、当時は生活環境もひどいものでした。現在のパブリック・スクールと違い、各生徒への体調管理や栄養管理が十分に留意されていなかったのです。

1920年代にイギリスのパブリック・スクール、リース校で学んだ池田潔が記した『自由と規律』を読むと、当時のパブリック・スクールの食事情や住環境が、かなり劣悪で貧弱であったことが分かります。

食事に関しては、彼が学校に在籍した時代には夕食がなく、食事は不味《まず》く、量が少なく、生徒は空腹をしのぐために小遣いの多くを食料購入に充てていたと書かれており、パブリック・スクールの食事は「質からいえば（中略）イギリス人の最も貧しい家庭の一歩手前のそれであり、量の点では（中略）（イギリス人の最も貧しい家庭の）標準にすら及んでいない」状況だったようです。

現在では食事も改善され、寄宿生には毎日3食の食事が提供されています。しかし、それでも育ち盛りの生徒たちにとって量は不足しているようで、生徒へのインタビューによると、お小遣いで食べ物を購入したり、親からの差し入れの食料に頼っているということです。学校側は、「学校以外で手に入れた食料を友人と分かち合うという経験を通し、友人のありがたさを知り、親への感謝の気持ちを育ませるという狙いがある」と言っていますが、授業やスポーツ後の空腹を抱えたまま1日を終えることは、育ち盛りの生徒の成長には大きなマイナスではないかと、心配な一面でもあります。

住環境に関しても池田は、生徒が生活するハウスについて「教師の部屋と病室を除いて学校中に暖房設備というものがない。室内を吹き荒ぶ木枯に一夜が明けて、朝、目が覚めると毛布の裾に薄く雪が積っていること」「ハウスでの風呂はお湯というよりも冷たい水で」あったと記しています。イートン校ですら劣悪な環境下にあり、1つのベッドに2、3人の生徒が一緒に寝なければならなかったり、暖房設備がなかったり、生徒全員を1つの狭い教室に押し込め、一斉講義をしていた時代もあったということです。20世紀初頭のこういった生活環境の中では、教師が落ち着いて教えたり、生徒が腰を据えて学んだりすることも困難で、学校では知的な成長よりも、こういった悪環境を耐え抜くための「忍耐」や「人格陶冶」が必要とされていたのでした。

また、人格陶冶には、日々の劣悪な生活を乗り越えるためのテクニックが詰まっているチーム・スポーツが重要であると考えられていました（第6章参照）。スポーツは、身体の鍛錬や日常生活のストレスの発散になくてはならないものであり、また、人格形成のための手段でもあったわけです。ここでいうスポーツとは、第6章でも紹介したチームゲームです。社会の中の上下関係、調和、礼儀といったものを生徒に身につけさせるために、これらチームゲームは重視されていたのです。歴史的にスポーツは17世紀から重視され始め、18世紀には学校生活の中核となり、19世紀後半にはカリキュラムに組み込まれるようになりました。

要約すると１９２０年代は、粗食や厳しい住環境とスポーツが、パブリック・スクールの訓育であり、人格陶冶に必須のもので、生徒に忍耐力を身につけさせ、生き延びる力を与えるもの、と考えられていた時代だったのです。[6] 付け加えるならば、生徒は規律に縛られた社会の中で己の分をわきまえなければならず、その状況に不満を訴えたりすることも許されなかったのでした。

その転機が訪れたのが、１９５０年代です。粗食や厳しい住環境、いじめや体罰、プリーフェクト・ファギング制度による下級生を追い込むような生活。こういったパブリック・スクールの闇の部分を解消する１つの手段として、ようやくパストラル・ケアが、重要な役割を果たす時代が到来するのでした。

パストラル・ケア

パストラル・ケアとは、日本の文科省に相当するイギリスの部署からは、「教授と学習の質、生徒・教師・またはそれ以外の大人たちとの人間関係の本質、あるいは生徒の学力・人格・社会性の全体的な発達を観察するための準備、そして特にパストラル面や援助システム、また、課外活動や学校の校風といったものを通して生徒の人格的および社会的発展の促進と積極性の育成に関わるもの」である、と公に通知しています。[7]

少し分かりづらいですね。

より具体的に説明しますと、それぞれの生徒の人格や感情や行動面から生じる問題に対して生徒たちに気づきと支援をすることで、生徒が一人で悩むのではなく、それぞれ担当の専門家と生徒との相談から始まり、必要であれば問題解決のための行動にも進みます。どのような問題に対しての相談かというと、生徒の精神面を支えるための相談であったり、道徳や宗教面からの悩みの相談であったり、食事面や医療面から生徒の健康維持や管理を促す相談であったり、卒業後のキャリア教育への支援をする相談であったりと、一人一人の生徒に寄り添いながら、生徒たちが社会へと巣立っていけるような支援をすることとなのです。学校が一丸となって生徒の学校生活を支えていくわけです。パブリック・スクールでの、パストラル・ケアが全国で周知されるようになったのは最近のことで、1980年代末とされています。

中等教育研究者の古阪肇《はじめ》によると、パストラル・ケアの定義には狭義と広義の2通りがあり、狭義の意味では、「生徒の精神を涵養し、育成するための手助けとしてのケア」であり、広義の意味では、「学習面でのケアに加え、身体的、精神的、宗教的ケア、そして生徒の保護を目的とする問題行動の管理」としています。[8]

もともとパスター（pastor）とは、「牧師、牧人、羊飼い」を意味しており、パスターは教会の信徒が信仰に迷わぬように、あるいは、羊や牛や馬が迷子にならないように、精神面や行動面で指導する人のことを指していました。[9]

このパスターという語がキリスト教会の牧師から学校教育現場に転用されたのは、19世紀におけるパブリック・スクールにおいてのことで、その後、20世紀に私立学校から公立学校へと少しずつ浸透していったということです。[10]

現代のパブリック・スクールでは、いじめ対策のためだけではなく、全生徒を守るためにパストラル・ケアが準備されています。家庭での教育がうまく機能しておらず、子どもたちが厳しい環境下に置かれていることもあり、その結果、ストレスや多大なプレッシャーを抱えている生徒が多いことは容易に想像がつきます。そういった生徒のためにもパストラル・ケアが必要で、教師たちは注意深く彼らをケアする必要が出てくるのです。心の健康や宗教上の悩みなどもパストラル・ケアを通して解決される方向にあります。

現在、パブリック・スクールに限らず、多くの学校のホームページには必ず「パストラル・ケア」の項目が掲げられており、どのようなパストラル・ケアが実施されているかについて詳しく説明されています。なぜならば、入学を希望する子どもたちとその保護者は、入学後に自分たちの子どもが十分に配慮されたケアを受けられるのか、学校で大切に守られるのかを知ることが重要だと考えているからです。

パブリック・スクールの改善

パブリック・スクールが荒廃し、混沌としていた闇の時代の反省から、学校は奨学金を設けて貧富の差なく幅広く生徒を受け入れたり、女子生徒を受け入れたり、生徒とハウスマスターの関係を改善したり、授業内容を時代に即したものに変えたり、といった試行錯誤を試みてきました。男子生徒を受け入れ、彼らの人生での成功を中心に考えてきたパブリック・スクールでしたが、近年、それも21世紀に入り、大きく様変わりしてきたのです。

例えば、２０１７年のインタビュー当時ハウスは12棟だけだったチャーターハウス校（図表７‐３）は、ハウスが３つ増えて15となり、その中の４ハウスが女子寮、３ハウスが男女共学となっています（残り８ハウスは男子寮）。そしてその男女共学の３つのハウスも２０２５年から順次、女子寮に変更される予定なのです。

ハウスに関しても管理栄養士が生徒の身体的成長を考えた食事を提供するようになり、建物は温度調節の管理が行き届くものに替えられ、学年が上がれば個室があてがわれるのが一般的となりました。明確な理由もなく生徒が一方的に押さえつけられる関係は終わり、教師・校長・寮監との関係や、ハウスにおけるプリーフェクトと下級生の関係も、双方向性のコミュニケーションを通して構築されるようになりました。上級生は下級生の模範として行動し、生徒たちも協力関係を築こうとし、いじめがあれば迅速かつ解決への糸口を見つけるように動くようになってきています。ホグワーツ魔法魔術学校のように、男子生徒、女子生徒にかかわらず、互いに必要とする時には助け合う仲間関係へと変化していっているのです。

図表７-３　チャーターハウス校

パブリック・スクールは、いくつもの段階を経ながら、修正や改善がなされ、より良いものへと変わってきました。ゆえに、現代においても将来に向かって、変わっていこうとしているのだといえましょう。

1 R. Verkaik, *Posh Boys - How English Public Schools Ruin Britain*, Oneworld Publication Ltd., 2018, pp.189-190.

2 吉田健一『英国の文学』岩波文庫（１９９４年）２１０頁。

3 D・キャナダイン『イギリスの階級社会』平田雅博・吉田正広訳、日本経済評論社（２００８年）43頁。さらなる階級の細分化：公爵、侯爵、伯爵、子爵、男爵、准男爵、ナイト、エスクワイア、ジェントルマン、指導的市民、専門職、ヨーマン、ハズバンドマン、職人、小屋住み、労働者、奉公人、救貧法適用者。

4 「英国ニュースダイジェスト」Vol.1414（http://www.news-digest.co.uk/news/features/12372-cambridge-five.html）

5 Old Wykehamists, *Winchester College: 1393-1893*, 1893, p.92.

6 フイリップ・メイソン『英国の紳士』金谷展雄訳、晶文社（１９９１年）。

7 Department of Education and Science, *Report of Her Majesty's Inspectors on Pastoral Care in Secondary Schools: An Inspection of Some Aspects of Pastoral Care in 1987-8*. Stanmore: DES., 1989, p. 3.

8 古阪肇「イギリスの独立学校における生徒のケア：『パストラル・ケア』確立以前に焦点を当てて」『早稲田大学大学院教育学研究科紀要 別冊』20号‐1（2012年）125〜135頁。

9 藤田英典『教育改革』岩波新書（1997年）156頁。

10 藤本卓「〃パストラル・ケア〃、その叢生と褪色――英国公教育に〃生活指導〃の似姿を垣間見る」『大東文化大学紀要』第47号（2009年）252頁。

おわりに

最後まで読まれて、感想はいかがでしたか？

どのようなイメージを持たれたでしょうか？　もしも、あなたがパブリック・スクールに行ける環境にあるならば、行きたいと思われましたか？

私は研究者になってからはずっとイギリスの大学について研究をしてきました。特に、私が初の日本人大学院生だったオックスフォード大学の教育学研究科では、女性のアジア人ということで差別を受けることもありました。ちょうどサッチャーが大幅に社会改革、大学改革を実施していた頃でしたが、社会平等への関心はまだまだ低い時代でもありました。

しかしながら、私自身としては、歴史ある街並みに囲まれ、多様な本を読み、テュートリアルにより未知の世界を少しずつ学んでいく中でのイギリス社会はとても新鮮であったことも事実です。

大学での研究生活に慣れるにつれ、伝統的大学と考えられているオックスブリッジの進学者の多数を占めていたパブリック・スクールにも、少しずつ関心を持つようになりました。これほど多くの進学者を出す学校であるパブリック・スクールとは一体どのような学校なのだろうか、と。そこで、ぽつぽつとパブリック・スクールを訪問し、校長や先生のお話を聞くようになったのでした。

私にとって初めての訪問校は、イートン校でした。イートン校の校長がジョン・ルイス氏（1994～2002年在職）であった頃に、ルイス校長とハウスマスターであったクック先生にお目にかかったのです。お二人とも大変有名な学校の教師ですが、お会いした時には大学進学については露ほども話されず、イートン校の生徒の人格形成の重要性を力説されるばかりでした。それも、悪いことに対しては、正々堂々と批判できる精神の持ち主を育てることの重要性をこんこんと話されるのです。これは、受験勉強に悩まされてきた私にとっては、衝撃的なお話でした。このような先生に育てられている生徒たちは、社会に出て一体どのような活動をするのだろう……と思ったのです。そしてその後、イギリスのパブリック・スクール9校のみならず、麻布高校をはじめとする日本の名声ある学校も訪問しました。

もちろん、パブリック・スクールには、素晴らしい一面と、その影ともいえる暗部が控えていました。その暗い一面も知った上で、読者の皆さんには、どのような学校が子どもたちにとって良い学校なのかを考える機会になれば、と願うのです。

海外のパブリック・スクールが日本に進出しつつある今が、イギリスのパブリック・スクールを知ってもらうには良い機会なのではないか、今が機が熟した時なのではなかろうか、と思い、この本を書き綴《つづ》った次第です。

皆さんの知っている、あるいは知らなかったパブリック・スクールを、ご一緒に考えてもらえることを願っています。

２０２４年11月

秦由美子

秦由美子（はだゆみこ）
教育学者。大阪市生まれ。お茶の水女子大学文教育学部卒。アメリカ大使館に勤務後、オックスフォード大学で修士号、東京大学で博士号（教育学）を取得。オックスフォード大学助手、大阪大学准教授、広島大学教授、同志社女子大学教授を経て、現職はビューティ&ウェルネス専門職大学教授。専門はイギリスの高等教育研究。現在は、イギリスの大学における女性リーダーやオックスフォード大学の39あるカレッジの比較研究を行っている。著書に『イギリスの大学』（東信堂）、『パブリック・スクールと日本の名門校』（平凡社新書）、『新版 変わりゆくイギリスの大学』（学文社）などがある。

映画《えいが》で読《よ》み解《と》く イギリスの名門校《パブリック・スクール》
エリートを育《そだ》てる思想《しそう》・教育《きょういく》・マナー

2024年12月30日初版1刷発行

著者 —— 秦由美子
発行者 —— 三宅貴久
装幀 —— アラン・チャン
印刷所 —— 堀内印刷
製本所 —— 国宝社
発行所 —— 株式会社光文社
東京都文京区音羽1-16-6(〒112-8011)
https://www.kobunsha.com/
電話 —— 編集部03(5395)8289 書籍販売部03(5395)8116
制作部03(5395)8125
メール —— sinsyo@kobunsha.com

 ISBN 978-4-334-10510-5

1307
ダーウィンの進化論はどこまで正しいのか？
進化の仕組みを基礎から学ぶ
河田雅圭

『種の起源』刊行から一五〇年以上がたった今、人類は進化の仕組みをどれほど明らかにしてきたのか。世に流布する進化の誤解も解きほぐしながら、進化学の最前線を丁寧に解説する。

978-4-334-10292-0

1308
中高生のための「探究学習」入門
テーマ探しから評価まで
中田亨

仮説を持て、さらば与えられん！　アイデアの生み出し方、調査や実験の進め方、結果のまとめと成果発信、安全や倫理等を具体的にガイド。研究者の卵や大人にも探究の面白さを伝える。

978-4-334-10293-7

1309
世界の富裕層は旅に何を求めているか
「体験」が拓くラグジュアリー観光
山口由美

旅に大金を投じる世界の富裕層が求めるものは？　彼らの旅のスタンダードとは？　近年のラグジュアリー観光を概観し、安心や快適さではない、彼らが求める「本物の体験」を描き出す。

978-4-334-10294-4

1310
生き延びるために芸術は必要か
森村泰昌

歴史的な名画に扮したセルフポートレイト作品で知られ、「私」の意味を追求してきた美術家モリムラが、「芸術」を手がかりに「生き延びること」について綴ったM式・人生論ノート。

978-4-334-10295-1

1311
組織不正はいつも正しい
ソーシャル・アバランチを防ぐには
中原翔

燃費不正、不正会計、品質不正、軍事転用不正……。組織不正はなぜあとを絶たないのか――。気鋭の経営学者が、組織をめぐる「正しさ」に着目し、最新の研究成果を踏まえて考察する意欲作。

978-4-334-10322-4

光文社新書

1312
経営の力と伴走支援
「対話と傾聴」が組織を変える
角野然生

経営者との「対話と傾聴」を通じ、自立的な企業変革への道筋をつける「伴走支援」の枠組みを、第一人者の実践を基に示す。南山大学教授・中村和彦による、組織開発の視点での解説を収録。

978-4-334-10324-8

1313
英語ヒエラルキー
グローバル人材教育を受けた学生はなぜ不安なのか
佐々木テレサ
福島青史

英語で授業をするＥＭＩプログラム。学部卒業生に日本語や承認の不安を覚える人が出ている。聞き取りを基に内実と問題点を提示。指導教員が多言語話者成長の苦悩と対策を解説。

978-4-334-10325-5

1314
ナショナリズムと政治意識
「右」「左」の思い込みを解く
中井遼

政治的な左右と結びつけられがちなナショナリズムの概念を政治学の知見と国際比較からとらえなおし、日本人の政治意識が世界においてどれだけ普遍的もしくは特殊なものであるか検討する。

978-4-334-10323-1

1315
電車で怒られた！
「社会の縮図」としての鉄道マナー史
田中大介

「バッグが当たってんだよ！」。時に些細なことで殺伐とする電車内。なぜ人は電車でイラついてしまうのか？「車内の空気」の変遷を丹念にたどり、その先にある社会までを見通す一冊。

978-4-334-10351-4

1316
なぜＢＢＣだけが伝えられるのか
民意、戦争、王室からジャニーズまで
小林恭子

大戦による「危機」、政権からの「圧力」、そして王室との「確執」まで――。報道と放送の自由のために、メディアは何と向き合ってきたのか？ 在英ジャーナリストと辿る「ＢＢＣの一〇〇年」。

978-4-334-10352-1

1317
「ふつうの暮らし」を美学する
家から考える「日常美学」入門
青田麻未

家の中の日常に「美」はあるか？　椅子、掃除、料理、地元、ルーティーンを例に、若手美学者が冴えわたる感性で切り込む。「美学」の中でも新しい学問領域、「日常美学」初の入門書。

978-4-334-10353-8

1318
フランス　26の街の物語
池上英洋

フランスの魅力は豊かな個性をもつそれぞれの街にある——。美術史家が、人、芸術、歴史、世界遺産の観点から厳選した26の街を訪ね歩き、この国がもつ重層性と多面性を、新視点で綴る。

978-4-334-10354-5

1319
等身大の定年後
お金・働き方・生きがい
奥田祥子

再雇用、転職、フリーランス、NPO法人などでの社会貢献活動、そして管理職経験者のロールモデルに乏しい女性の定年後に焦点をあて、あるがままの〈等身大〉の定年後を浮き彫りにする。

978-4-334-10375-0

1320
日本の政策はなぜ機能しないのか？
EBPM《エビデンスに基づく政策》の導入と課題
杉谷和哉

データやファクトに基づき政策を作り、適切に評価する。当たり前のことのようで、これが難しい。その背景を公共政策学の知見から分析し、「政策の合理化」を機能させる条件を考える。

978-4-334-10376-7

1321
日本の古代とは何か
最新研究でわかった奈良時代と平安時代の実像
有富純也 編　磐下徹
十川陽一
黒須友里江
手嶋大侑　小塩慶

国家や地方は誰がどう支配していたのか？　藤原氏は権力者だったのか？「唐風文化から国風文化へ」は本当？　受領は本当に悪吏だったのか？…気鋭の研究者らが新たな国家像に迫る。

978-4-334-10377-4

1322
名画の力
宮下規久朗
名画の力とは、現場で作品に向き合ったときこそ発揮されるものなのだ――。伝統の力から現代美術、美術館まで。七つのテーマで美術の魅力をより深く味わう極上の美術史エッセイ。
978-4-334-10378-1

1323
旧統一教会 大江益夫・元広報部長懺悔録
樋田毅
この世に真実を語り残しておきたい――。その生い立ちから六〇年近く過ごした旧統一教会での日々、そして病を患ってからの心境の変化まで、元広報部長による人生をかけた懺悔。
978-4-334-10397-2

1324
定年いたしません！
「ジョブ型」時代の生き方・稼ぎ方
梅森浩一
「終身雇用」崩壊の時代、考えておくべき定年前後のライフプラン。自身が定年を迎えた人事のプロが、現実を前に、ジョブ型転職や給与、65歳からの就活について余すところなく解説！
978-4-334-10398-9

1325
なぜ地方女子は東大を目指さないのか
江森百花　川崎莉音
資格取得を重視し、自己評価が低く、浪人を避ける――。地方と女性という二つの属性がいかに進学における壁となっているのか。現役東大女子学生による緻密な調査・分析と提言。
978-4-334-10399-6

1326
しっぽ学
東島沙弥佳
ヒトはどのようにしてしっぽを失った？　しっぽにどんな思いを馳せてきた？　しっぽを知って、ひとを知る――。文理を越えて研究を続けるしっぽ博士が、魅惑のしっぽワールドにご案内！
978-4-334-10400-9

1327
人生は心の持ち方で変えられる？
〈自己啓発文化〉の深層を解く
真鍋厚

成長と成功を目指す「足し算型」に、頑張ることなく幸福を得ようとする「引き算型」。日本人は自己啓発に何を求めてきたか？「より良い人生を切り拓こうとする思想」の一六〇年を分析する。

978-4-334-10422-1

1328
遊牧民、はじめました。
モンゴル大草原の掟
相馬拓也

150㎞にも及ぶ遊牧、マイナス40℃の冬、家畜という懐事情を近所に曝け出しての生活——。モンゴル大草原に生きる遊牧民の暮らしを自ら体験した研究者が赤裸々に綴る遊牧奮闘記！

978-4-334-10423-8

1329
漫画のカリスマ
白土三平、つげ義春、吾妻ひでお、諸星大二郎
長山靖生

個性的な作品を描き続け、今も熱狂的なファンを持つ四人。後続の漫画家（志望者）たちを惹き付け、次世代の表現を形作ってきた。作品と生涯を通し昭和戦後からの精神史を読み解く。

978-4-334-10424-5

1330
ロジカル男飯
樋口直哉

ラーメン・豚丼・ステーキ・唐揚げ・握りずしなど、万人に好まれる料理を、極限までおいしくするレシピを追求！ 料理に対する考えを一変させる、クリエイティブなレシピ集。

978-4-334-10425-2

1331
現代人のための読書入門
本を読むとはどういうことか
印南敦史

「本が売れない」「読書人口の減少」といった文言が飛び交う現代社会。だが、いま目を向けるべきは別のところにあるのかもしれない——。人気の書評家が問いなおす「読書の原点」。

978-4-334-10444-3

光文社新書

1332
長寿期リスク
「元気高齢者」の未来
春日キスヨ

人生百年時代というが、長寿期在宅高齢者の生活は実は困難に満ちている。なぜ助けを求めないのか？ 今後増える超高齢夫婦二人暮らしの深刻な問題とは？ 長年の聞き取りを元に報告。

978-4-334-10445-0

1333
日本の指揮者とオーケストラ
小澤征爾とクラシック音楽地図
本間ひろむ

「指揮者のマジック」はどこから生まれるのか——。明治時代以降の黎明期から新世代の指揮者まで、それぞれの個性が炸裂する、指揮者とオーケストラの歩みと魅力に迫った一冊。

978-4-334-10446-7

1334
世界夜景紀行
丸田あつし
丸々もとお

夜景をめぐる果てしなき世界の旅へ——。世界114都市、602点収録。ヨーロッパから中東、南北アメリカ、アジア、アフリカまで。夜景写真＆評論の第一人者が挑んだ珠玉の情景。

978-4-334-10447-4

1336
つくられる子どもの性差
「女脳」「男脳」は存在しない
森口佑介

男児は生まれつき落ち着きがない、女児は発達が早い——子どもの特徴の要因を性別に求めがちな大人の態度をデータで一刀両断。心理学・神経科学で「性差」の思い込みを解く。

978-4-334-10474-0

1337
ゴッホは星空に何を見たか
谷口義明

《ひまわり》や《自画像》などで知られるポスト印象派の画家・ゴッホ。彼は星空に何を見たのか？ どんな星空が好きだったのか？ 天文学者がゴッホの絵に隠された謎を多角的に検証。

978-4-334-10475-7

1338
全天オーロラ日誌
田中雅美

カナダでの20年以上の撮影の記録を収め、同じ場所からの撮影や一度きりの場所まで、思い立った場所での撮影日誌。第一人者が追い求めた、季節ごとに表情を変えるオーロラの神秘。

978-4-334-10476-4

1339
哲学古典授業 ミル『自由論』の歩き方
児玉聡

なぜ個人の自由を守ることが社会にとって大切なのか？ この問いに答えた『自由論』は現代にこそ読むべき名著。京大哲学講義をベースに同書をわかりやすく解く「古典の歩き方」新書。

978-4-334-10508-2

1340
グローバルサウスの時代 多重化する国際政治
脇祐三

米中のどちらにも与《くみ》せず、機を見て自国の利益最大化を図る。インドや中東、アフリカ諸国の振る舞いからグローバルサウスの思考体系と行動原理を知り、これからの国際情勢を考える。

978-4-334-10509-9

1341
映画で読み解く イギリスの名門校《パブリック・スクール》 エリートを育てる思想・教育・マナー
秦由美子

世界中から入学希望者が殺到する「ザ・ナイン」とは何なのか。エリートを輩出し続けるパブリック・スクールの実像を、「ハリー・ポッター」シリーズをはじめ7つの映画から探る。

978-4-334-10510-5

1342
海の変な生き物が教えてくれたこと
清水浩史

外見なんて気にするな、内面さえも気にするな！ 水中観察30年の海と島の達人が、「地味で一癖ある」「厄介者」なのになぜか惹《ひ》かれる10の生き物を厳選、カラー写真とともに紹介する。

978-4-334-10511-2